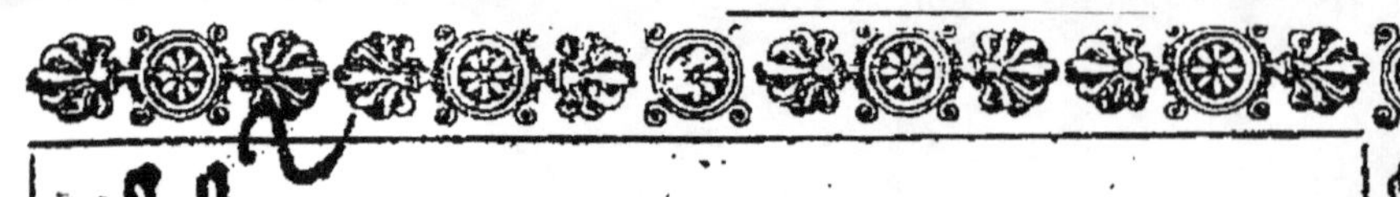

NOUVELLE MESSE

DE LA

GARDE NATIONALE

DE FRANCE,

CÉLÉBRÉE PAR TOUS LES BONS PATRIOTES;

ET SUIVIE

DE LA MARCHE PARISIENNE, AVEC UN
NOUVEAU COUPLET,

ET DU

CHANT DE LA GARDE NATIONALE.

Paris,

CHEZ TÉOPHILE HENRY, ÉDITEUR,

RUE D'ERFURTH, N° 1, PRÈS L'ABBAYE.

—

1830

Les exemplaires voulus par la loi ont été déposés.

MESSE

DE LA

GARDE NATIONALE

DE FRANCE.

PRIÈRE AVANT LA MESSE.

Ange tutélaire des Français, ô Louis-Philippe, qui êtes mon guide très-fidèle pour me conduire dans le chemin de la liberté, désirant grandement participer aux bienfaits de la régénération de la France, et voulant y coopérer de tout mon pouvoir, je vous conjure de m'aider à pratiquer les vertus pour arriver à ce but.

INTROÏT.

Au nom de la Patrie, de la Victoire et de la Liberté.

℣. Je me présenterai à l'autel de la liberté.

℟. De cette divinité, que les Français ont reconquise au prix de leur sang.

℣. Soyez nos juges, ô peuples de la terre! et séparez la cause des bons Français de celle des méchans qui voudraient l'asservissement de la patrie et la domination des disciples d'Ignace de Loyola et des parjures.

℟. Car la France avait besoin de liberté. Nous étions esclaves et menacés du joug de l'inquisition.

℣. Le lion s'est réveillé : il a brisé ses chaînes ;

et les glorieuses couleurs qui portèrent la gloire des Français dans tout l'univers brillent d'un nouvel éclat au sommet du Panthéon et de la Colonne formée du bronze d'Austerlitz!

℞. L'Hymne immortelle des Marseillais et la Parisienne retentissent dans tous les cœurs. Lafayette, cette image vivante de la liberté des Deux-Mondes marche à notre tête. Le généreux Louis-Philippe, glorieux vétéran de Jemmapes, modèle des vertus civiques, est pour nous *la meilleure des républiques*. Les cloaques impurs de Montrouge et de Saint-Acheul sont déserts. Aux satellites à habits couleur de sang ont succédé les guerriers-citoyens dont l'uniforme glorieux mêlé à la blouse de l'enfant de Paris affronta les balles et la mitraille et chassa du Louvre et des Tuileries les hordes stipendiées pour égorger des femmes et des enfans.

℣. Gloire, gloire aux braves qui ont succombé pour la patrie!

℞. Que leur nom soit immortel! les races futures le béniront.

℣. Nous avons confié notre bonheur à la sollicitude de Louis-Philippe : elle saura le consolider.

Je confesse à la face du ciel et de la terre que les amis de la liberté ont toujours été incorrigibles; que si le généreux Louis-Philippe est roi des Français; si Charles est en Ecosse; si Raguse et Bourmont ne souillent plus de leur présence le sol de la patrie; si Polignac, Peyronnet, Guernon-Ranville et Chantelauze sont à Vincennes; si nous sommes délivrés de la police inquisitoriale des Franchet et des Mangin, etc. etc., c'est notre faute, notre faute, notre très-grande faute. C'est pourquoi nous prions pour que le reste des vieux chouans, les hommes à serment restrictif, les magistrats et fonctionnaires à conscience évasée, veuillent se réunir franchement au gouvernement paternel de notre Louis-Philippe.

℞. Ainsi soit-il.

℣. Pardonnons à nos ennemis.

℟. Mais mettons-les dans l'impuissance d'agir.

℣. Honneur, honneur aux victimes de juillet.

℟. L'arbre de la liberté arrosé de leur sang poussera de profondes racines, et son feuillage nous couvrira tous de son ombre tutélaire.

Oraison.

℣. Tous les Français vous conjurent, Louis-Philippe et Lafayette, de ne pas laisser surprendre votre bonne foi par ces vingt mille solliciteurs, véritables cosaques du budget, accourus à Paris pour envahir les places et les honneurs qui rapportent de l'argent, acquis au prix des travaux et des sueurs du peuple.

ÉPITRE.

℟. O vous, qui nous avez donné la Charte constitutionnelle, présent digne d'un Roi-Citoyen et d'un peuple libre, nous obéirons avec respect à ce que vous croirez nécessaire pour notre félicité. La grande famille des Français vous a choisi : les peuples envient sa gloire.

GRADUEL.

℣. La liberté a rajeuni la France.

℟. Les enfans ont surpassé les pères.

ÉVANGILE.

En ce temps-là les Français étaient opprimés. Un gouvernement sans pudeur et sans foi brisait tous les liens d'affection entre la nation et le chef fainéant et cagot que le *droit divin* lui avait donné. Les Parisiens indignés se sont levés : les pavés ont écrasé les bataillons disciplinés : le peuple a proclamé Louis-Philippe roi par le *droit canon*, et l'Europe entière a applaudi.

CREDO.

Je crois en Louis-Philippe, roi constitutionnel des Français, qui fera régner la justice et récompenser chacun selon ses œuvres. Il a supporté noblement l'infortune ; il ne s'est pas déshonoré en mendiant les secours de l'étranger ; il n'a point porté les armes contre sa patrie, qu'il a, au contraire, glorieusement défendue à Jemmapes, en combattant sous le drapeau républicain. Il s'est dévoué pour nous, en se plaçant à notre tête au moment du danger. Sa sagesse et sa fermeté ont appaisé les discordes et concilié tous les cœurs. Je crois aux grâces et aux vertus de Marie-Amélie, reine des Français, modèle des épouses et des mères ; à notre jeune duc d'Orléans, notre camarade d'armes : l'éducation populaire et constitutionnelle qu'il a reçue porte ses fruits. Tous nos vœux sont pour l'auguste dynastie d'Orléans.

PRÉFACE.

Glorieux drapeau tricolore !

Flotte sur notre beau pays,
Sois le gage constant de notre délivrance,
Et le signe assuré de nos droits reconquis
Pour notre heureuse France.

ÉVANGILE

SELON UN BON FRANÇAIS.

« Les Bourbons gouvernaient, l'hydre jésuitique
Se glissait en rampant sous le dais monarchique.
Législateur sans foi, tyran sans énergie,
Charles régnait sur nous, et sa lâche inertie
Nous livrait aux fureurs d'un ministère affreux
Qui formait dans le sein d'un conseil ténébreux
Le complot d'écraser sous le poids des entraves
Un peuple qu'il voulait rendre un peuple d'esclaves.

. . . .

« Mais quel est donc ce bruit ? et quel sinistre accueil !
Le Français se révolte.... ah ! quel excès d'orgueil !
A nous, braves soldats ; à nous, troupes fidèles. »
— Tous se sont élancés. Eh bien ! fiers assassins !
Avez-vous écrasé ces faibles Parisiens ?

Non ! non ! ce long amas d'armes abandonnées
Atteste pour jamais l'honneur des trois journées.
Votre sang a coulé... Malheur aux agresseurs !
Nous n'avions, il est vrai, pour animer nos cœurs,
Ni de bruyans clairons, ni bannières dorées ;
Mais sous les trois couleurs nos colonnes serrées
Vous affrontaient au son de l'immortel refrain,
Qui pour fuir l'esclavage, arme le citoyen.
. . . .
Toi qui, par ta valeur et ta vertu féconde,
Sauvas les libertés de l'un et l'autre monde ;
Toi qu'on ne vit jamais d'un écusson fameux
Montrer à tout Paris l'héritage poudreux :
Tu sus, ô Lafayette ! orgueil de la patrie !
En exposant encore une tête blanchie,
Dans ces jours à la fois, et de gloire et d'horreur,
A l'hiver de tes ans, retrouver ton ardeur.
Tu sus, par tes conseils et ton expérience,
De nos jeunes héros, guidant l'impatience,
Les conduire au chemin de l'immortalité...
Honneur ! honneur à toi, fils de la Liberté ! ! ! »

LA PARISIENNE.

CANTATE DE M. CASIMIR DELAVIGNE.

—

Peuple français, peuple de braves,
La Liberté rouvre ses bras ;
On nous disait : Soyez esclaves !
Nous avons dit : Soyons soldats !
Soudain, Paris, dans sa mémoire,
A retrouvé son cri de gloire :
En avant, marchons
Contre leurs canons ;
A travers le fer, le feu des bataillons,
Courons à la victoire.

Serrez vos rangs, qu'on se soutienne !
Marchons ! chaque enfant de Paris
De sa cartouche citoyenne
Fait une offrande à son pays.
O jours d'éternelle mémoire !
Paris n'a plus qu'un cri de gloire :
    En avant, etc.

La mitraille en vain nous dévore,
Elle enfante des combattans.
Sous les boulets voyez éclore
Ces vieux généraux de vingt ans.
O jours d'éternelle mémoire !
Paris n'a plus qu'un cri de gloire :
    En avant, etc.

Pour briser leurs masses profondes,
Qui conduit nos drapeaux sanglans ?
C'est la Liberté des deux Mondes,
C'est Lafayette en cheveux blancs.
O jours d'éternelle mémoire !
Paris n'a plus qu'un cri de gloire :
    En avant, etc.

Les trois couleurs sont revenues,
Et la colonne avec fierté
Fait briller à travers les nues
L'arc-en-ciel de la Liberté.
O jours d'éternelle mémoire !
Paris n'a plus qu'un cri de gloire :
    En avant, etc.

Soldat du drapeau tricolore,
D'Orléans ! toi qui l'as porté,
Ton sang se mêlerait encore
A celui qu'il nous a coûté.
Comme aux beaux jours de notre histoire,
Tu redirais ce cri de gloire :
    En avant, etc.

Tambours du convoi de nos frères,
Roulez le funèbre signal ;
Et nous, de lauriers populaires
Chargeons leur cercueil triomphal.
O temple de deuil et de gloire !
Panthéon, reçois leur mémoire !
    Portons-les, marchons,
    Découvrons nos fronts.
Soyez immortels, vous tous que nous pleurons,
    Martyrs de la victoire !

A LA COLONNE.

Du héros qui, sous sa bannière,
Vingt ans a guidé nos guerriers,
La cendre languit étrangère
Sur des rocs inhospitaliers.
Des plus beaux jours de notre histoire,
Toi qui consacres la mémoire,
    Colonne, à nos chants,
    Au nom d'Orléans,
    Reçois dans tes flancs
De gloire palpitans,
Le fils de la victoire !

CHANT

DE LA GARDE NATIONALE.

Air : *des Lanciers polonais.*

Déploie-toi, masse imposante
Des enfans de la Liberté ;
Que ton enseigne triomphante
A nos yeux s'offre avec fierté.   *(bis.)*
De notre immense capitale,
Entendez-vous les joyeux cris !
Brave garde nationale,
Honneur aux enfans de Paris.   *(bis.)*

Notre gloire aussi vous est due,
Braves habitans des faubourgs!
De toutes parts la foule émue
Bénit vos généreux secours.   (*bis*).
Puisque votre ardeur martiale
Triompha de nos ennemis,
Dans la garde nationale
Venez tous, enfans de Paris.   (*bis*.)

Dans ces jours de deuil et de gloire,
On vit chez nous des étrangers,
Pour assurer notre victoire,
Partager les mêmes dangers.   (*bis*.)
Dans cette pompe triomphale,
Ils doivent se trouver unis
A la garde nationale,
Aux braves enfans de Paris.   (*bis*).

De tous les rangs chacun s'élance,
Et soudain l'air est agité
Du cris joyeux : Vive la France!
Lafayette et la Liberté.   (*bis*).
Dans l'allégresse générale,
On nous répond : Soyons unis
A la garde nationale,
Aux braves enfans de Paris.   (*bis*.)

Peuple français, peuple de braves,
De ce nom soyons toujours fiers ;
Nous avons cessé d'être esclaves,
Ne reprenons jamais nos fers.   (*bis*.)
Et si quelque ruse infernale
Tentait de nous voir désunis,
Jurons, garde nationale,
De mourir enfans de Paris.   (*bis*.)

FIN.

Imprimerie de Decourchant, rue d'Erfurth, n° 1.

Liberté,
Ordre
PUBLIC.

3.

CHAMBRE DE 1830

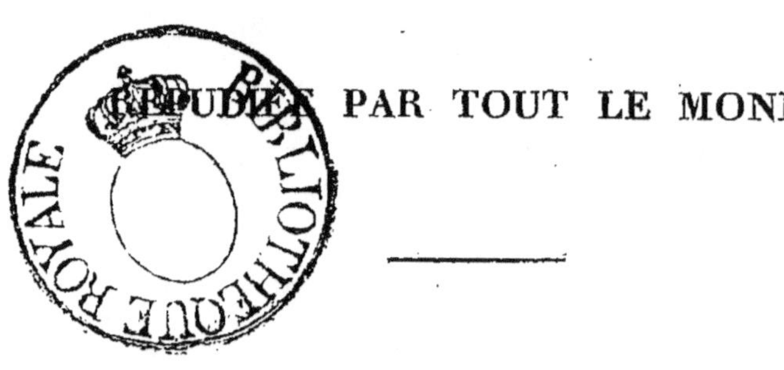

PAR TOUT LE MONDE.

Le mois de février a mis en problême ce que le mois de juillet avait annoncé comme une vérité patente.

Cette Chambre des députés si populaire ! si protectrice de nos droits ! si conforme au vœu national ! cette assemblée si unanime, si ouvertement prononcée contre les agressions de l'absolutisme ! ce palladium de nos libertés ! cette éclatante agglomération de talens que la fin de juillet légua au mois d'août, en la proclamant la seule et unique sauvegarde des destinées de notre belle France !... tout cela est maintenant un problême à résoudre ; les ci-devant immortels 221, en l'honneur de qui l'enthousiasme populaire avait préparé le témoignage du bronze pour constater, aux yeux des siècles futurs, la reconnaissance nationale à leur égard, sont maintenant.., qui le croirait ! au-dessous même des épigrammes de la polémique de boudoir ! Leurs noms servent de type aux injures politiques, et les médailles qu'on leur destinait sont envoyées à la *refonte*, par ceux-là mêmes qui leur avaient décerné cette espèce d'ovation.

D'où vient ce changement étrange ? d'où vient que la

même Chambre de 1830, de qui on a reçu avec confiance et avec gratitude, une nouvelle Charte, un nouveau roi, de nouvelles institutions, et les promesses d'autant de lois qu'on voudrait pour en consolider le bienfait, est-elle au mois de février 1831 publiquement honnie, conspuée, signalée partout, avec plus ou moins de mesure, et dans des termes plus ou moins acerbes, comme un obstacle permanent au progrès du mouvement qu'elle a, sinon donné elle-même, du moins légalement consacré la première, et comme l'unique cause du malaise qu'éprouve maintenant le corps social en France?

Tel est le problême qui est à l'ordre du jour dans toutes les discussions politiques en dehors, et même au-dedans de la Chambre elle-même. Telle est du moins l'impression que font naître les séances des 19, 20 et 21 février 1831.

En effet, dans tous les discours auxquels ont donné lieu les dernières émeutes populaires, et les attaques de toute nature dont cette assemblée est devenue le plastron, ce n'est qu'interrogativement que fut discutée la question du changement qui s'est opéré dans l'opinion publique à l'égard de la Chambre de 1830. Celui-ci interroge les émeutes elles-mêmes, et en sa qualité de préfet de police, il se croit plus à portée qu'un autre d'entendre leur langage, voire même leur *argot*. Celui-là interroge le principe, la cause de ces émeutes; et comme il a écrit sur la politique, il croit que cela suffit pour faire paraître infaillibles son analyse et sa perspicacité. Un autre interroge les ministres sur leur conduite pendant ces évènemens, qui, quoique très-naturels, lui semblent incompréhensibles; et comme il se trouve être le premier magistrat de la capitale, il se demande si ce n'est pas à un manque d'étiquette à son égard que sont dues les catastrophes qu'il déplore (tout haut du moins, car peut-être tout bas voit-il une occasion de déconsidérer un système administratif qu'il n'approuve pas) : tous, en un mot, semblent frappés de stupéfaction, et réciproquement s'interroger des yeux, pour s'assurer législativement, si, en effet, la Chambre de 1830 n'est pas de trop dans le système actuel, et si elle n'est pas devenue, sans s'en apercevoir, une excroissance à charge au corps social.

Il y a donc évidemment un problême à résoudre dans cette affaire; et bien évidemment encore, un problême difficile, car le mode interrogatif adopté par tous les honorables orateurs que cette question a appelés à la tribune, prouve qu'aucun d'eux n'a une opinion fixe sur ce grave sujet, et n'est même, à ses propes yeux, compétent dans cette affaire. Cela est si vrai, que M. le président du Conseil est convenu lui-même que le dernier membre qui, dans la séance du 20 février, a interrogé les évènemens récens, relativement au rôle qu'y avait joué la popularité de la Chambre et du gouvernement, est celui qui a le plus *approché de la question.* Or, cela prouve deux choses: la première, qu'il n'a fait qu'en approcher, et par conséquent l'a laissée entièrement à résoudre; la seconde, que les autres ne s'en doutent seulement pas, et ont très-longuement, très-éloquemment parlé pour ne rien dire. Car ce n'est rien que tout ce qu'on dit sur une question dont on n'approche même pas.

Il appert incontestablement de cet état de choses que ce problême est ou insoluble ou bien difficile à résoudre, puisqu'une assemblée législative aussi éclairée que celle dont il s'agit, et qui compte dans son sein les meilleurs publicistes, les légistes les plus érudits, et la presque totalité des hommes d'Etat que la France possède, semble y avoir renoncé. D'un autre côté, si ce problême est si important qu'il occupe actuellement toute la France, représentée par l'honorable Chambre, et que sa solution l'ait occupée, sans fruit, pendant trois ou quatre jours entiers, sans compter maint autre, où depuis six mois il perce en toutes ses discussions, c'est qu'à sa solution se rattachent des intérêts majeurs, et que d'elle seule dépend peut-être le destin de la France, ou tout au moins celui de la Chambre de 1830.

Il est une raison bien simple pour laquelle la véritable cause de ce phénomène politique a si obstinément échappé à la sagacité de messieurs les députés, c'est celle - ci : ils sont juges dans leur propre cause; ils sont à la fois arbitres et partie intéressée dans le procès qu'on leur intente, et c'est de leurs propres imperfections ou des vices inhérens à leur Constitution qu'ils cherchent à se rendre compte, dans l'intérêt de leur justification. Or, par cela seul qu'ils le font dans la vue de se justifier, il doit naturellement y avoir complaisance de leur part dans leur examen de conscience, et dans leur confession, une réticence involontaire; il n'est donc pas étonnant que les trois séances consacrées à la solution de cette grande question n'aient produit qu'un seul orateur qui, selon le président du conseil, l'ait seulement *abordée*, et encore moins étonnant que le remède aux maux qui l'ont suscitée, n'ait pas même été indiqué, puisque le véritable siége du mal est encore ignoré.

Mais ce qu'on ne voit pas soi-même en soi, est manifeste pour les autres, et c'est ce qui arrive en cette occasion à la Chambre de 1830, elle croit n'avoir fait qu'aborder la question relative à sa déconsidération populaire; elle croit n'avoir pas même approché de celle qui a rapport au vice du gouvernement qu'elle a fondé; elle est dans l'erreur: le véritable siége du malaise général, elle l'a touché du doigt, légèrement il est vrai, parce que l'endroit lui est sensible; mais si bien touché, que la marque de son empreinte y restera désormais. Sa déconsidération politique, de même, elle l'a mise entièrement à jour; il ne peut plus y avoir de doute sur la cause première; et il ne faut plus, pour lui rendre sensibles à elle-même ces deux résultats de ses trois séances, comme ils le sont maintenant aux yeux de tout homme sensé, que rassembler les divers aveux ou implicites ou explicites que cette discussion a provoqués, et qui sont épars dans tous les discours, et comme ensevelis sous les fleurs de rhétorique de MM. les orateurs.

Ainsi, c'est des argumens mêmes dont nos honorables députés se sont servi, comme d'une fronde, pour se jeter réciproquement la pierre, que l'auteur se propose de tirer la preuve que son titre annonce, savoir: Que la Chambre de 1830 est répudiée par tout le monde, et qu'elle est, de son propre aveu, reconnue antipathique au vœu national, dont elle s'est dite l'inaltérable expression.

Et d'abord, il est essentiel de citer à son sujet deux vers qui ont trouvé place dans une de ses récentes discussions, comme étant caractéristiques de la double injustice du public à son égard, car il est un peu Néron de sa nature, et, comme Junie, elle est en droit de lui dire:

> J'ose dire, seigneur, que je n'ai mérité
> Ni cet excès d'honneur ni cette indignité.

Le premier objet de cet écrit n'est donc, comme on voit, d'abord que de constater un fait, c'est que la popularité dont la Chambre de 1830 jouissait avant la révolution, n'était qu'une affaire de parti, et ensuite que, quand le parti qui s'en est servi pour se mettre au pouvoir en a eu tiré l'avantage qu'il voulait, il l'a répudiée.

Le second point aura pour but de démontrer qu'il ressort de cet état de choses la nécessité rationnelle, pour la Chambre de 1830, ou de récuser ses droits à son ancienne popularité, pour avoir celui de se plaindre de sa déconsidération actuelle ; ou de ratifier elle-même le blâme dont elle est l'objet public, pour consacrer les éloges qu'elle a jadis reçus ; car l'éloge et le blâme auxquels elle a été tour à tour en butte, ont la même origine : on la louait pour ce dont on la blâme aujourd'hui. Toute son erreur vient de ce qu'elle a pris la louange au sérieux, et soupçonne à présent qu'il y a de la mauvaise foi au fond de la censure dont elle est l'objet.

Vous avez été accueillie avec transport tant que vous avez lutté contre le pouvoir ; sa ruine était la condition de votre existence, et vous avez été repoussée dès que vous avez voulu relever le pouvoir : la conséquence est naturelle ; c'est la logique des révolutions, dont la dialectique a sa source dans les passions humaines, et non dans la raison.

Une autre erreur de MM. les députés de 1830 a été de croire qu'ils éviteraient le sort de la première Assemblée constituante, en surveillant eux-mêmes l'exécution de leurs lois ; et ils se sont imaginé, par leur présence, pouvoir consolider leur ouvrage. Mais ils n'ont pas calculé que leur ouvrage ayant été dans l'origine une œuvre de destruction, celle du pouvoir, leur présence même était un encouragement à la destruction du pouvoir. Partant, ils ne pouvaient travailler que d'une main à rebâtir un édifice que de l'autre ils démolissaient à mesure.

Vient enfin, pour couronner leur illusion, le beau rêve de cette homogénéité dont ils se sont flattés pendant la première partie de leur mission, et dont ils cherchent vainement la trace à présent dans le sein de leur assemblée, dans le cercle même le plus circonscrit de leurs intimités personnelles et de leurs habitudes sociales.

A quelque chose malheur est bon cependant! Si les évènemens de février sont désastreux; s'ils sont, de toutes les journées célèbres dans nos deux révolutions, le témoignage le plus à charge au principe populaire, ils ont au moins provoqué des explications utiles, des aveux, et des concessions dont le pouvoir saura profiter, s'il a le sentiment de son utilité dans l'ordre social.

Mais comme, jusqu'à ce qu'il ait manifesté ce sentiment, il est permis à tout observateur politique de douter qu'il en soit encore imbu, il est à propos, ce semble, de s'arrêter sur les grandes leçons auxquelles ces évènemens viennent de donner lieu.

D'abord, il est remarquable que depuis que la carrière législative est ouverte à MM. les députés de 1830, ce n'est qu'après sept mois de discussions de toute espèce, qu'il a été question entre eux de définir catégoriquement quelques-uns des mots sacramentels, qui avaient jusque-là retenti mille et mille fois dans l'enceinte de leurs délibérations, et de l'enceinte de leurs délibérations dans tous les coins de la France; c'est, par exemple, après avoir reçu, adopté et proclamé *la souveraineté du peuple* comme le principe fondamental de la royauté qu'ils ont créée; et

après l'avoir abandonné pendant sept mois à l'interprétation vagabonde de tous les partis, de toutes les factions,
depuis le journal à quinze mille abonnés jusqu'au moindre
placard, c'est, dis-je, après que son interprétation *ad libitum* semble s'être arrêtée à la signification la plus abu-
sive, celle qui tend à faire de la populace de Paris la souveraine arbitre des destins de la France, que le coryphée
de notre nouvelle législation s'avise, pour la première fois,
de se demander à lui-même et de demander à ses collègues,
ce qu'il faut entendre par le mot *peuple*. Il est bien temps!
quand les ruines de l'Archevêché ont annoncé à l'Europe
que c'est la lie de la société, et non plus la *nation* entière
qui se dit le *peuple* en France, et que c'est elle, elle seule
qui y commande en *souverain;* quand ce principe indé-
fini a déjà poussé de telles racines dans l'esprit du vulgaire, qu'on dépaverait encore une fois Paris, plutôt que
de l'arracher à sa pire signification, il est bien temps, dis-
je, de venir froidement et tranquillement agiter ainsi
cette question grammaticale!

C'était quand on vous l'a donné pour consigne, MM. les
députés, quand vous l'avez reçu, proclamé, qu'il fallait le
définir, et analyser les mots qui en sont l'expression. C'est
quand on vous en a confié le dépôt, et qu'on vous a commis
à sa garde, qu'il fallait examiner et constater sa valeur,
autrement vous vous mettiez, un jour ou l'autre, à la
merci de vos commettans, qui ne pouvaient manquer de
profiter de votre inattention, en vous demandant compte
de ce dépôt, dont vous leur avez ainsi laissé le prix à déterminer. C'est ce qui est arrivé: il n'est pas en votre pouvoir ni de rendre ce dépôt, ni d'en payer la valeur. Votre
silence, jusqu'à ce jour, a enhardi les prétentions de cha-

cun, chacun a spéculé sur votre consentement tacite, et vous redemande sa part du pouvoir nominal que vous avez consacré. Mais il n'était que nominal quand on l'a remis entre vos mains, et maintenant on vous le redemande en nature, effectif, et malléable au gré de toutes les passions.

C'est une bonne leçon. Puisse-t-elle être utile à ceux qui vous succéderont! Autre examen tardif : c'est de même après sept mois de popularité, que le protocole de l'Hôtel-de-Ville se présente à la barre de la Chambre des députés pour se justifier des diverses interprétations auxquelles il a donné lieu... Il est bien temps! quand son premier principe, indocile à l'analyse, rebelle à toute logique, a servi, par son obscurité, de base à toutes les factions qui ont voulu l'exploiter à leur profit. Il est bien temps! de définir ce qu'on entend par *un trône populaire entouré d'institutions républicaines,* quand ces deux idées hétérogènes ont fait divorce dans tous les esprits, et qu'en dépit de toutes les définitions, la sédition prend l'une pour sa devise, et court les rues en l'invoquant contre le pouvoir, qui s'efforce en vain de lui opposer l'autre.

Et d'ailleurs, quelque tardive quelle soit cette définition, si elle était claire encore, précise et palpable! mieux vaut tard que jamais, dirait-on. Mais elle fait pire que de rien enseigner à la pratique; elle prouve, j'en demande pardon à l'illustre et honorable député de qui elle est émanée, elle prouve que dans notre Chambre législative, on n'a pas encore une idée bien fixe, bien déterminée de ce que c'est qu'une *institution sociale,* ni quels sont les élémens dont elle se compose, ni où il faut les prendre pour la rendre durable.

Témoin l'erreur dans laquelle est tombé ce célèbre

.député lui-même, quand il a pris une déclaration de principes pour une institution sociale : *Vous avez réduit en principe la souveraineté* NATIONALE : C'est une *institution républicaine*, a dit dans la séance du 20, l'illustre citoyen des deux mondes. Non, ce n'est point une *institution* : c'est un axiome politique tout au plus, mais rien autre. Je ferai observer, en passant, que c'est encore, pour la première fois, que la *souveraineté du peuple* a été remplacée, dans le langage parlementaire du jour, par la *souveraineté nationale*, qui, du moins, est intelligible, et n'a pas besoin de commentaire pour se faire jour dans l'intelligence du vulgaire. Mais je doute que la *souveraineté nationale* eût beaucoup d'attrait pour les masses, (comme on appelle maintenant le peuple) : nous savons, au moins à présent, qu'avec l'une on les meut, et qu'avec l'autre, on les plie au devoir.

Il y aurait beaucoup d'autres remarques à faire sur les changemens plus ou moins ostensibles que l'esprit et les discours de la Chambre des députés de 1830 ont subis depuis sa création jusqu'à sa dissolution sérieuse, qui paraît enfin être arrêtée, comme une mesure utile à tous ; mais on n'a en vue ici que les faits qui dérivent de la force des choses, et non ceux qui tiennent à la versatilité humaine.

C'est la Chambre, comme institution politique, en butte à la destinée qui l'opprime si injustement, après l'avoir exaltée si démesurément, qui est l'objet de commentaires, et non la Chambre, scrutée dans la conduite ou l'opinion personnelle de chacun de ses membres.

Ce corps politique est attaqué de toutes parts ; il ne sait plus à qui répondre, tant les reproches, le blâme et l'invective lui sont prodigués à profusion. Jamais aucun corps politique n'a été plus décrié, plus ouvertement traité d'*anti-national,* la plus grande injure de l'époque, que cette même Chambre de 1830, qui auparavant passait pour le *nec plus ultrà* de la représentation nationale. Jamais idole publique n'eut un règne de si courte durée ; en un mot, elle a été proclamée immortelle ; et son immortalité s'est éteinte pendant le temps de sa consécration.

Elle cède enfin sous le poids de sa défaveur, et, au milieu des huées, se retire de la scène politique. Certes, de pareils adieux ont droit de l'étonner : aussi consacra-t-elle trois de ses plus mémorables séances aux doléances de son étonnement. Mais, vraiment, à entendre ainsi les gémissemens de notre représentation nationale, on nous prendrait pour des novices en fait de révolution ; et quoique cet état politique soit le nôtre depuis quarante ans, nous sommes encore en proie à toutes les illusions qu'enfante toujours un premier bouleversement social.

Cette simplicité crédule est-elle bien sincère? et n'a-t-on pas lieu de la supposer feinte de la part d'un corps politique dont tous les membres doivent, pour y être admis, avoir au moins atteint l'âge de la maturité, et dont un grand nombre l'ont dépassé depuis long-temps?

Si elle est sincère, il y a quelque raison de qualifier cette Chambre comme l'a fait un des siens, l'honorable M. Baude, d'*incapable de satisfaire aux besoins moraux du peuple.* (Je reviendrai sur ces *besoins moraux du peuple.*)

Si elle est feinte, cette simplicité crédule, le blâme alors que mériterait cette Chambre deviendrait d'une nature plus grave, d'autant plus grave qu'il serait d'un effet rétroactif, et qu'il remonterait jusqu'à l'origine de sa popularité et jusqu'à la source de ses pouvoirs, qui seraient tous alors empreints du même système de déception.

Au reste, c'est elle-même qui s'est jugée, comme on va le voir, dans ses propres aveux; et sa candeur à les faire ne laisse rien à dire au commentateur.

Il est donc permis, tout en respectant ce corps politique, ses actes et chacun des honorables membres dont il se compose, d'évoquer de ces mêmes actes, ainsi que des discours de ces mêmes membres, les considérans implicites qui motivent le jugement qu'elle a prononcé sur elle-même, et les motifs pour lesquels le gouvernement de son choix la répudie actuellement. Tous les élémens de cette discussion sont émanés d'elle, et les preuves de son insuffisance législative sont constatées par ses propres aveux.

Cet examen n'aura que le mérite d'avoir pénétré le vrai sens des discours plus ou moins entortillés de ses co-accusateurs, et d'avoir réuni en un corps homogène d'argumens, les divers raisonnemens qui se sont fait jour dans son sein à l'occasion de la dernière échauffourée de février.

Cet examen aura, de plus, l'avantage d'éclairer la législature qui va suivre, sur les écueils qu'elle a à éviter pour ne pas tomber dans les erreurs de celle-ci. Enfin, peut-être, en ressortira-t-il des éclaircissemens importans sur quelques-uns des *problémes sociaux que laisse toujours à résoudre le lendemain d'une révolution* (comme l'a remarqué très-judicieusement M. le ministre de l'intérieur).

Il y aurait beaucoup à dire sur ce qu'on entend par *popularité*, cela serait même nécessaire pour savoir si c'est quelque chose, et pour déterminer ensuite le prix qu'il faut mettre à ce quelque chose. Mais ce n'est pas ici le lieu de définir cette idole, encore moins d'en analyser les attributions; il suffit de reconnaître qu'elle est, depuis la première révolution, à tort ou à raison, le grand levier pour ou contre le pouvoir qui gouverne ou prétend gouverner en France.

Comment la Chambre de 1830 a-t-elle absorbé à elle seule toutes les puissances de ce grand levier, à la faveur duquel un gouvernement établi depuis quinze ans a été par elle détruit en trois jours, et un autre gouvernement reconstruit par elle en vingt-quatre heures?

Dans cette question seule sont renfermés les élémens de la sympathie et de l'antipathie dont elle a été tour à tour l'objet; elle a perdu sa popularité par l'effet de la même cause qui la lui avait acquise.

Quelle est la conséquence nécessaire du pouvoir? la compression des intérêts partiels en faveur de l'intérêt général, et la défense du droit commun contre les empiéte-mens du droit particulier.

Or, cette conséquence nécessaire du pouvoir, bien que de son maintien dépendent seul l'ordre social et la fortune publique, n'en est pas moins, par sa nature, exigeante et compressive, de tout temps en butte aux passions individuelles, qu'elle froisse sans cesse, et par conséquent aux haines personnelles de tous les intérêts, qu'elle sacrifie à la chose publique, que l'État représente.

Parmi les classes élevées de la société, cette affinité entre l'intérêt commun, que défend le pouvoir, et l'intérêt de chacun, qui y trouve le prix de ses sacrifices, est palpable : aussi les bienfaits qui en résultent, quelque lents,

quelque tardifs qu'ils soient, selon la nature des circonstances, trouvent-ils toujours les gens sensés, la partie
éclairée de la société, disposée à les attendre avec pa-
tience et à en favoriser l'avènement de tous leurs efforts.

Mais il en est différemment des classes inférieures : les
bienfaits de l'ordre social, qu'engendre seul la conséquence du pouvoir, ne leur arrivent que de seconde main,
et tellement dénaturés, qu'il leur est impossible de découvrir leur filiation, dans l'ordre social, avec le pouvoir,
qui leur en est pourtant la seule garantie. De là vient que,
dans tous temps, cette classe de la société, qui en est toujours la majeure partie, disons même les trois quarts, incapable de discerner d'où lui vient le bien, d'où lui vient
le mal, est sans cesse disposée à s'en prendre au pouvoir,
comme étant l'objet le plus en vue pour elle, et le plus
en butte à ses mécontentemens, par l'effet de ses coërci-
tions, qui pèsent le plus immédiatement sur le *plebs*. (Je
me sers de cette expression pour mieux faire entendre ma
pensée.) Toujours le pouvoir, quel que soit son principe,
semble donc au *plebs* être son adverse partie; et quelque
prétexte, quelque occasion qui lui soit offerte de lutter
contre lui, de le renverser s'il se peut, il le fera, car il
l'a toujours fait. Et les révolutions (du moins les commo-
tions populaires qu'on désigne par ce mot) ne constatent,
n'ont jamais constaté qu'une chose, c'est que le gouvernement qui les subit, ou qui les souffre, est sans pouvoir.

Cette vérité reconnue, et je défie qui que ce soit d'en
contester l'évidence, il s'en suit que si, par *popularité*, il
faut entendre le suffrage d'instinct de la majeure partie
de la société, aux yeux de qui le pouvoir est toujours un
ennemi, quiconque, homme public, homme privé, iso-

lément ou collectivement, par ses actions, par sa conduite, ou par ses écrits, ou par ses discours, ou enfin par quelque manifestation que ce soit, s'opposera au pouvoir établi et entravera son action, deviendra populaire.

Tandis que, par contre-coup, quiconque s'associera au maintien du pouvoir, ou seulement en approuvera tacitement l'exercice, deviendra tout à coup..... impopulaire.

C'est-à-dire qu'il perdra le suffrage des classes subalternes de la société, de ce que j'appelle le *plebs*, et de ce qu'on appelle le *peuple* quand on a intérêt à embrouiller une question politique.

Ce suffrage unanime du *plebs*, qui constitue l'apogée de cette suzeraineté dite la *popularité*, la Chambre de 1830 s'en empara donc pour combattre et renverser le gouvernement déchu. Elle en fut investie sans réserve tant qu'elle eut à combattre jusqu'à l'ombre du pouvoir, tant qu'il lui resta une de ses traces à effacer. Tout alla bien pour elle jusque-là ; il n'y avait qu'une voix, et dans son sein et au-dehors, pour proclamer sa suprématie, pour exalter ses services, pour constater sa nécessité.

Voilà le beau côté de la médaille, mais en voici le revers :

Le pouvoir détruit de fond en comble, la liberté proclamée, et la liberté indécrite, afin de laisser plus de latitude aux interprétations de ce grand mot, le principe de la souveraineté du peuple, proclamé aussi, afin de prolonger plus long-temps l'apparence de l'homogénéité parmi les membres de l'assemblée législative, enfin l'insurrection qualifiée de *sainte* et mise au rang des devoirs, sauf à déterminer plus tard les cas où elle trouvera place dans le Code pénal parmi les crimes d'État, aux termes des lois

de l'empire ou de la restauration..... Tout cela fait et b[i]
fait, grâce au ciel! c'est sous ces auspices que la mêm
Chambre des députés entreprend de reconstruire le pou
voir, et d'en faire l'apanage d'un gouvernement de sa
création!

Il y a un adage vulgaire qui peint trop bien la situation
où dut se trouver alors la Chambre de 1830, en pareille
occurrence, pour ne pas le rappeler ici, quelque trivial
qu'il soit : cet adage dit que *comme on fait son lit on se
couche.*

La première Assemblée constituante avait pesé tout le
danger de cet écueil, quoique, en voulant l'éviter, elle
fût tombée dans un autre. Au moins sa réputation èst-elle
restée intacte, et un excès de prudence trop timorée est
le seul blâme qu'elle a encourue : encore ce blâme est-il
une erreur ; aussi est-ce sciemment et volontairement que
cette assemblée l'encourut. Il est impossible de réclamer
pour soi des droits qu'on a contestés aux autres, et de rétablir en sa faveur une autorité qu'on a brisée, à quelque
titre et dans quelques mains que ce soit.

On s'est beaucoup occupé, on s'occupe encore de Charles X et de ses adhérens, qu'on appelle *carlistes;* de la
république et des républicains, qu'on appelle *anarchis-
tes,* et l'on s'imagine, même à la Chambre des députés,
que c'est là l'endroit faible du pouvoir : tandis que le pouvoir, qui prend la chose au sérieux, croit témoigner de la
force en foulant aux pieds ces deux frêles obstacles, dont
l'un est tombé de lui-même (car il n'est pas vrai qu'on
l'ait brisé), et dont l'autre n'a pas même eu assez de con-
sistance pour ramasser le pouvoir, alors qu'il traînait dans
les ruisseaux de la capitale.

...ise ne vient pas de là : ce n'est pas là qu'est
...état de choses actuel ; il est dans la raison
...la Chambre de 1830 a été forcée d'accepter
...ndition d'existence, et, par suite, d'imposer au
...ement qu'elle a créé. La belle raison d'État que
...ularité ! c'est cependant tout ce qu'elle pouvait don-
...parce que c'est tout ce qu'elle possédait : aussi a-t-on
...le premier ministère sorti de son sein chanceler dès ses
premiers pas, ne marcher qu'à tâtons, et tomber d'impopularité après trois mois d'essais infructueux. Au premier
succéda un ministère qui d'abord semblait d'une popularité plus solide ; mais la seconde épreuve n'a pas été plus
heureuse que la première, si ce n'est qu'elle a au moins
convaincu MM. les députés que la pire de toutes les rai-
sons d'État est *la popularité*.

M. Guizot a enfin été forcé d'en convenir (*experto crede Roberto*), et il a grandement raison quand il dit : *Que si l'on persiste dans la voie où l'on s'est engagé, il n'y a pas de gouvernement possible.* (Remarquez bien la force de cette sentence.) *Il ne l'est pas plus aujourd'hui*, continue-t-il, *qu'il ne l'était il y a trois mois !* C'est le temps où lui était au ministère ; mais il aurait dû ajouter *qu'il y a quinze ans,* époque où il faisait de la popularité contre le pouvoir. *Enfin,* conclut-il, *l'ordre ne peut exister avec la liberté* (la liberté indéfinie, la liberté comme il feignait de l'entendre autrefois ; oui, il a raison) *sans que les gouvernans soient plus ou moins impopulaires.* Et il aurait pu sans crainte affirmer, en outre, que *les meilleurs gouvernans,* dans le véritable intérêt de la chose publique, ont toujours été et seront toujours *les plus impopulaires.* Et pourquoi ? parce qu'un *gouvernement libre* est celui dont le pouvoir est dégagé de toutes entraves, et que son action, pour être salutaire et propice à l'intérêt général, devant froisser ou léser plus ou moins les intérêts particuliers, surtout parmi les classes subalternes, celles-ci, qui sont les plus nombreuses, quand leur cri est comprimé par lui, s'en dédommagent par leurs haines secrètes et leurs ressentimens tacites.

Mais cette vérité arrachée à l'expérience de l'honorable M. Guizot, et transmise par lui au ministère qui lui avait succédé, et qui la reconnaît comme lui, sans qu'il ait besoin *de leur demander ce qu'ils en pensent aujourd'hui,* est un peu tardive.

L'arrêt qui dépouille la Chambre de 1830 de sa popularité, c'est donc un de ses membres les plus distingués, c'est un ex-ministre choisi dans son sein, c'est un de ses organes les plus actifs, un de ses interprètes les plus clairvoyans qui l'a prononcé en disant à haute et intelligible voix :

Que la Chambre ne s'y trompe pas : par cela même qu'elle décide de la direction du gouvernement, elle est destinée désormais à n'être point populaire.

L'arrêt est précis, la sentence est formelle, et, qui pis est, sans appel, puisqu'à cela M. le président du conseil ajoute : *L'orateur qui descend de la tribune me paraît être le premier qui ait posé la véritable question.*

Et, sur cela, la dissolution de la Chambre est unanimement agréée.

Quoi! M. Laffitte aussi commence si tardivement à s'apercevoir que la popularité n'est qu'un instrument de désordre, et qu'il y a incompatibilité entre elle et le pouvoir? Il était donc bien simple, quand il la croyait un sceptre qu'il n'a pas cru payer trop cher en l'achetant de toute sa fortune ?

Mais ce ne sont pas encore là toutes les causes de la décadence du pouvoir de la Chambre. Comme l'a dit le président du conseil, l'honorable M. Guizot *n'en a indiqué que quelques-unes, sans proposer aucun remède.* Il n'en a indiqué que quelques-unes, parce qu'il avait un triple bandeau sur les yeux : premièrement, comme membre de la Chambre de 1830 ; secondement, comme ex-membre du gouvernement actuel ; et troisièmement, comme ex-professeur d'une doctrine qui place le bien-être social, non dans le fait matériel de son existence, mais dans l'opinion que certaines gens peuvent s'en faire. Cependant, *il est le seul,* au dire de M. le président du conseil, *qui ait abordé la question.*

La popularité de la Chambre ayant eu sa source dans une cause unique, celle de son agression contre le pouvoir dont elle faisait partie, il semblerait que sa déchéance ait dû pareillement avoir sa source dans la cause inverse, c'est-à-dire la mission qu'elle s'est attribuée de reconstruire le pouvoir, et de s'en adjuger à elle seule toutes les attributions ; oui, telle est bien la somme totale de toutes les causes partielles et accessoires du retour de l'opinion populaire à son égard ; mais ces causes partielles et accessoires étant, par leur nature, parties intégrantes du corps social, c'est dans leur analyse approfondie que peut seul se découvrir le véritable siége du mal qu'il souffre.

Il y a, en outre, dans les causes de l'impopularité de la Chambre de 1830, une injustice inhérente à tous les lendemains de révolution, qu'il est bon de signaler pour l'édification de tous les amis et ennemis de ce mode de gouvernement.

Dans les maladies auxquelles sont sujets et le corps social et le corps humain, il existe des symptômes décevans qui déconcertent l'expérience des plus habiles praticiens : il y a de fausses pleurésies et de fausses fluxions de poitrine, comme il y a de fausses révolutions. En médecine, on ne se trompe plus à ces apparences traîtresses ; mais en politique, nos docteurs ne sont pas aussi avancés ; et pour peu qu'il y ait crachement de sang, les voilà le scalpel et la lancette en main, instrumentant, ventousant et amputant le pauvre patient, à n'en plus faire qu'un squelette en vingt-quatre heures. Ou bien les autres tombant dans un excès contraire, laissent agir la nature, se reposent sur la constitution du malade, et s'endorment dans la foi qu'avec des dulcifians et des émolliens, voire même de l'eau sucrée, la crise s'atténuera d'elle-même, pour la plus grande gloire de leur art.

Moi, je dis qu'une révolution véritable est celle qui produit instantanément l'homme ou les hommes qui sont nécessaires à son développement. En voici la raison : comme les abus quelle tend à réformer sont réels, sont sensibles, dans la multitude de ceux qui en souffrent, elle ne manque jamais de trouver un ou deux hommes, dont le talent ou le génie est approprié à ses besoins. Aussitôt, elle en fait son chef ou ses chefs, et leur confie tous ses intérêts ; et d'autant plus l'oppresion des abus qu'elle combat est réelle, est étendue, d'autant plus elle éveille de sympathies qu'elle rallie à elle, par l'organe de ses champions. Un autre symptôme des vraies révolutions, est le génie inventif qu'elles communiquent à tous leurs partisans. Quel est, en effet, leur premier levier? c'est l'attrait de la nouveauté, dont la soif est inhérente à l'esprit humain. La nouveauté étant donc leur premier charme, la nouveauté est leur principal aliment. Aussi, ne les voit-on se soutenir qu'à la faveur de tout ce qu'elles apportent de nouveau, dans les lois, dans les mœurs, dans les habitudes sociales. Bon ou mauvais, tout ce qui est nouveau plaît en elles; et chaque jour, chaque heure, chaque minute, qui ne reçoit point une impulsion nouvelle, est un pas rétrograde qu'elles font dans leur cours. Voilà pourquoi d'ordinaire, comme Saturne, elles dévorent leurs propres enfans : le génie d'invention étant leur unique talisman, aussitôt qu'il est épuisé dans l'un de leurs coryphées, elles lui en substituent un autre, à tout prix, plutôt que de rester stationnaires. L'immobilité les tue; et comme nul être existant ne manque à son instinct, les révolutions vraies se manifestent par la rapidité de leurs mouvemens.

Les fausses révolutions, au contraire, sont celles qui n'ont que des prétextes pour mobiles, des abus fugitifs ou mensongers pour cause ; qui n'éveillent que des intérêts partiels; qui n'ont à surmonter que des obstacles de localité, et dont le levain péniblement infiltré dans l'esprit de la masse, n'attend pour éclater, au profit de leurs promoteurs, qu'une occasion facile, née de la faiblesse même du pouvoir contre lequel elles luttent.

Celles-là n'ont que la première apparence des autres : le seul appât qu'elles offrent à l'amour de la nouveauté, n'est que dans leur apparition subite et inattendue ; elles étonnent d'abord, mais voilà tout. Rien de nouveau dans leur allure, vieux langage, vieux style, vieilles idées, point de chefs, point de guides. Des coryphées d'hasard, des adeptes gobe-mouches, des avocats qui se battent les flancs pour plaider leur cause, et des spéculateurs oisifs, qui, l'œil inquiet et la bouche béante, attendent continuellement, ce qui n'arrive jamais, quelque chose de nouveau, si ce n'est bévue sur bévue! Une révolution de cette nature est une femme sans tête, et cette femme sans tête est la révolution de 1830, que la Chambre s'est chargée de pourvoir de tout ce qui lui manque. Mais qui trop embrasse, mal étreint; son zèle est louable, sans doute, et il y a du courage à avoir pris une telle responsabilité sur elle; mais il y a bien de l'imprudence à entreprendre l'impossible, quand on n'a pas surtout la moindre idée de ce qui est faisable et de ce qui est à faire.

En effet, qu'est-ce qu'il y avait à faire, pour tirer au moins quelque parti de cette révolution de raccroc qui a surpris ceux mêmes qui l'ont faite?

Il y avait deux choses, et les deux seules qui fussent à faire; savoir : ou de maintenir la révolution de 1830 dans les termes de son premier manifeste, c'est-à-dire la monarchie constitutionnelle, telle que la Charte de Louis XVIII l'avait faite, en en changeant seulement le représentant, qui par son abdication et par ses infractions à son serment, en avait laissé le pouvoir vaquant; et de continuer franchement le système politique, seulement en séparant désormais l'Etat et le prince, et proclamant le premier indépendant de l'autre. Par-là on aurait hérité de l'autorité d'un pouvoir établi depuis quinze années, enfin l'on n'aurait fait mentir ni la mort de ceux qui se sont battus pour la Charte, ni la vie de ceux qui lui avaient juré fidélité : cela était faisable.

Ou de renverser tout le système politique, d'en reconstruire un nouveau, de ne rien laisser intact, et en abjurant franchement toutes les réticences du semi-libéralisme, toutes les taquineries faites au pouvoir qu'on voulait détruire, travailler d'accord unanime à en fonder un, trempé d'absolutisme légal. Car qu'est-ce que pouvoir? qu'est-ce que souveraineté? la volonté absolue de l'intérêt commun qui sait faire, pour le bien de tous, plier sous sa loi l'intérêt de chacun. Mais pour cela, il eût fallu renoncer aux belles phrases, aux discours d'apparat, à ces brillans apophtegmes qui font braire de joie et d'admiration le *profanum vulgus*. Il eût fallu confesser, en pleine tribune, que jusque-là on n'avait mis le nom du peuple en avant que pour déjouer et renverser le pouvoir ennemi, mais que désormais, il n'y avait plus lieu de s'en faire ou une arme ou une égide, puisque le pouvoir à créer était un pouvoir ami, un pouvoir salutaire, qui pour être tel, avait besoin d'être *absolu*, oui, *absolu :* je le répète, il n'y a pas de pouvoir sans volonté absolue. Toute la différence qu'il y a entre les deux interprétations de ce mot, vient de l'être dont on en fait l'attribut; autant l'absolutisme est salutaire quand c'est l'*État* seul, quand c'est la loi qui en est investie, autant il est dangereux, quand c'est le prince, ou les passions privées, ou celles des agens de son pouvoir, qui en ont le privilége.

Voilà ce qu'il eût fallu faire dans l'un ou l'autre cas, et ceci était faisable encore.

Mais ce qui n'était pas faisable, c'est ce qu'a entrepris la Chambre de 1830, c'est d'aspirer au juste milieu entre ces deux partis. Et pourquoi a-t-elle adopté ce système intermédiaire? parce que, d'une part, elle manquait d'homogénéité dans le principe de son opposition au gouvernement qu'elle entravait, et que, quand le gouvernement eut été renversé, la divergence de ce principe fut un obstacle invincible en elle à l'adoption du premier plan ; parce que, de l'autre part, n'étant constituée qu'en assemblée consultative, appelée seulement à délibérer sur le chiffre du budget, composant uniquement la représentation de la France solvable et imposée, elle n'avait dans son sein aucun élément législatif, aucune puissance constituante appropriée aux besoins du second expédient politique ; et qu'elle a craint, en faisant un appel aux hommes efficiens dans les matières d'Etat, de livrer la France à l'anarchie.

Sa prudence, sous ce rapport, est donc encore plus à louer qu'à blâmer, quelque restrictive qu'elle soit des chances favorables au développement de la révolution qu'elle a faite sans le savoir.

Mais qu'en est-il résulté? c'est que les partisans de la monarchie constitutionnelle ont attendu, ont exigé d'elle la continuation de tous les bienfaits de l'ancien ordre de choses ; tandis que ceux du nouvel ordre à créer ont attendu, ont exigé d'elle la réalisation de toutes les chances dont ils s'étaient bercés pendant le travail de son enfantement. Personne, ni en dehors ni en dedans, ne lui a tenu compte de la fausse et scabreuse position où elle s'est trouvée engagée. La révolution de 1830, cette femme sans tête, qui l'a appelée à lui en tenir lieu, ne lui a pas demandé d'abord si ses facultés cérébrales étaient bien de nature à faire face à toutes ses exigences, et l'a proclamée sa mère adoptive, sans calculer si l'état civil qu'elle lui prescrivait de lui donner était compatible avec son caractère et ses moyens de subsistance.

La mère et l'enfant se portèrent assez bien, tant qu'il n'y eut qu'à se partager entre eux les pralines du baptême ; mais quand on en vint à l'usage de la layette, grands cris de part et d'autre ! Selon la révolution, ce n'étaient que de vieux lambeaux pris aux enfans trouvés : que des langes tout au plus faits pour ensevelir une vieille monarchie décrépite : et selon sa pauvre nourrice, c'était encore plus que ne méritait une méchante orpheline, née on ne sait de qui, et venue au monde on ne sait pourquoi.

Toute force est faible, à moins que d'être unie, a dit le bon La Fontaine ; la Chambre de 1830 a dû bientôt en faire la triste expérience. Lorsqu'elle n'eût pas eu trop de toute sa puissance législative réunie en un seul et même foyer, pour se tirer d'embarras, la division se mit dans son sein. Son hétérogénéité se manifesta chaque jour davantage ; et quoique deux nuances distinctes semblent seules absorber en elle toutes les divergences de sa politique, un habile observateur en compte autant que son scrutin contient de boules. Lisez le rapport des trois grandes séances qui donnent lieu à ces réflexions, et vous en serez convaincus ; car à chaque nouvel orateur qui monte à la tribune, bien qu'ils commencent tous par dire qu'ils sont de l'avis du préopinant, c'est un nouveau système qui émane de la teneur de leur discours ; et la seule nuance homogène qui règne dans tout leur langage, c'est une ignorance profonde des premiers principes de la législation des peuples.

Tous, par exemple, n'ont à la bouche que l'ordre, que

la liberté, que le pouvoir, que la souveraineté, que le peuple, que l'État, etc., etc.

Et à travers toutes les pompeuses périodes dont leurs discours scintillent, je ne crois pas qu'il y ait un seul homme de bon sens qui puisse se faire, à l'heure qu'il est, une idée fixe, précise d'un seul de ces grands mots qui retentissent dans l'enceinte de cette assemblée.

Que l'on ne prenne pas cette assertion pour une diatribe, pour une insulte envers cette honorable assemblée ; je suis loin de vouloir, ni individuellement ni collectivement, porter atteinte à ses droits ; mais je constate un fait, et je le prouve :

Qu'est-ce que la politique ? car, avant tout, si l'on veut s'entendre, il faut d'abord convenir de la signification des mots dont on se sert, surtout quand ces mots se rattachent aux intérêts les plus chers.

La politique est la science des États et l'art des gouvernemens.

Entre ces deux essences de la politique il y a eu jusqu'ici incompatibilité : l'une, exclusivement dévolue aux philosophes, aux publicistes, ne se compose que de théories, que d'observations, que d'analyse plus ou moins judicieuse, plus ou moins lucide, et qui, jusqu'à présent, est encore restée dans le vague des divers systèmes dont elle a été l'objet ; l'autre, l'exclusif domaine de l'homme d'État, est tout action, tout pratique, c'est un art enfin, et, comme dans tous les arts, le génie qui l'exploite a son siége dans le sentiment, dans l'intérêt qui lui est propre, plutôt que dans le raisonnement qui juge, et dans la raison qui analyse.

Exigez de Gudin qu'il vous dise comment il parvient à

donner tant de transparence à l'eau, tant de légèreté et à la fois tant de pesanteur à ses vagues; il restera stupéfait à votre demande, il regardera son pinceau comme pour le consulter, puis sa palette, enfin il ne vous répondra qu'en reprenant son travail, et en vous disant : « Voilà comme je fais! »

Il en est de même dans l'art de gouverner : on sent ce qu'il faut, on le fait, et l'on ne pourrait pas discourir une heure sur ce qui demande dix ans à accomplir. La parole distrait la pensée de l'homme d'État, comme elle féconde celle de l'avocat, raison pour laquelle, soit dit en passant, il y a incompatibilité entre ces deux professions.

Or, soit dit sans offenser les honorables membres de la Chambre de 1830, combien y en a-t-il parmi eux qui aient dévoué leur vie, leur étude, consacré leur temps, employé leurs veilles à méditer sur la politique, comme science, ou à la pratiquer comme art? Pas un! pas un seul !

Quelques-uns ont écrit sur cette matière, j'en conviens; mais l'ont-ils beaucoup éclaircie? Non : au contraire, ils ont embrouillé toutes les questions. Quelques autres l'ont professée; ils l'ont même réduite en systèmes : en est-on plus avancé dans cette branche importante des connaissances humaines? Au contraire, on en sait encore un peu moins qu'on en savait auparavant : seulement, cette science, ainsi passée à la filière de certaine doctrine, a été coupée menue en petite monnaie de billon, à la portée des ignorans, qui ne sont pas très-regardans sur la valeur des ayant-cours, et qui prennent aisément le change en toute matière.

De là vient, on est forcé d'en convenir, ce déluge de

culer, mesurer, combiner le jeu de tous les engrenages, la proportion des roues, la force du ressort, la justesse de l'échappement, de manière à ce qu'aucun frottement imprévu ne détruise l'équilibre, ne suspende l'action principale, où ne dérange la réciprocité de toutes les parties dont se compose une montre ;

De même ce n'est qu'un homme d'Etat, expert en politique, qui peut ou rétablir ou maintenir *l'ordre* entre tous les organes, entre tous les ressorts et tous les pouvoirs dont se compose la machine de l'état social.

Voilà ce que c'est que l'ordre, messieurs les députés ; maintenant, demandez-vous à vous-mêmes ce que vous avez fait pour l'établir, et, ce qui est encore bien plus difficile, ce que vous avez fait pour le rétablir après l'avoir détruit vous-mêmes. N'imputez donc qu'à votre manque de moyens, ou dans vous-mêmes ou dans la position dont vous avez fait choix, qu'à votre incapacité dans l'accomplissement de cette tâche, la déconsidération publique qui vous accuse aujourd'hui de tous les maux que souffre la France.

Et comment l'opinion publique, en France, en Europe, ne vous répudierait-elle pas, en vous voyant terminer votre session parlementaire par ces trois mémorables séances où vous exposez le bilan de votre gestion, et où vous vous flétrissez vous-mêmes d'impéritie, de mésintelligence entre vous, et d'inaptitude à sonder le véritable siége du mal auquel vous avez contribué tous !

Notez bien, M. Persil, que ce n'est pas moi qui dis cela ; c'est votre ancien président, comme député : c'est, de plus, votre ancien président, comme membre du pouvoir exécutif ; car voici ses paroles :

remarquez quelquefois dans votre maison le lendemai
d'un bal, dans votre cuisine après un grand dîner, ou dai
vos papiers, quand une bourrasque inattendue a confond
pêle-mêle vos quittances et vos mémoires, vos lettres r
pondues et à répondre, et a fait de votre cabinet un pel
Archevêché. Et de ce que le soin, l'empressement qu
vous mettez à replacer chaque chose en son lieu accoi
tumé se qualifie aussi d'*esprit d'ordre,* c'est-à-dire de rai
gement, vous vous imaginez qu'en politique c'est présid
à l'ordre que de faire rentrer chacun chez soi, et que c
veiller à ce que chacun vaque à ses affaires *librement.*
dis *librement,* car cette dernière condition est à vos yeu
le complément de la devise, *ordre et liberté,* c'est-à-di
la voie publique dégagée d'obstacles, et chacun allant à s
affaires.

Que le lecteur soit de bonne foi, et je suis sûr qu'
conviendra que ce sont là les idées qu'il se fait de *l'ord*
et de *la liberté* dont il est tant parlé!

Mais qu'il s'en faut que ce soit là *l'ordre* tel qu'on do
l'entendre en politique. Ce mot implique à lui seul toi
les élémens de l'existence sociale, que la raison de l'Ét
impose au pouvoir de coordonner, selon le degré d'impo
tance de chacun et selon sa participation à l'action d
gouvernement. Pour le définir, ce mot, tant sa significa
tion est vaste et disproportionnée aux limites de cette di
cussion! c'est l'unité d'action, c'est l'ensemble de tous l
rouages d'une montre, dont le mouvement n'est dû qu'a
parfait accord qui règne entre eux, et dont l'exactitud
ne peut provenir que de leur participation relative à
marche de ses aiguilles : voilà l'ordre en politique. Et, c
même que ce n'est qu'un expert en horlogerie qui sait ca

« *Je ne vous rappellerai pas ma part à la révolutio* »
« *de juillet, ni cette opposition de quinze années, jama* »
« *interrompue ! et si dommageable à mes intérêts pr* »
« *vés ! car, si mes concitoyens peuvent me conteste*r »
« *qualité d'un homme d'Etat, ils ne peuvent me co* »
« *tester celle d'un ami franc et inaltérable de la rév* »
« *lution.* »

Or, qu'il me soit seulement permis de faire ici cet réflexion : C'est cette même opposition au pouvoir exi tant, dont il a donné un aussi dispendieux exemple pei dant quinze années, qu'il regarde aujourd'hui comme sul versive de tout ordre social ; c'est maintenant ce premi agent du pouvoir qui s'étonne lui-même de n'en plus tro ver que le nom et que l'ombre, après avoir travaillé pei dant quinze ans à l'annihiler. Et maintenant que le m est fait :

Il s'agit, dit-il, *de la situation de notre patrie,* c *celle où nous l'avons placée tous par nos œuvres !* (C mot, soit encore dit en passant, est caractéristique.) . *conviens que la situation est difficile, est grave, malaise profond ; il s'agit de savoir à qui en est faute.....* Eh ! mais à *vous tous, qui par vos œuvres av* placé *notre patrie dans cette position difficile.* La r ponse, il semble, n'était pas difficile à trouver. Néan moins il continue : *Est-ce au pouvoir ?* Eh ! non, ce n'e pas au pouvoir, mais à ceux qui, pendant quinze ans, o travaillé sans relâche à saper le pouvoir dans toutes s fondations. Le pouvoir est une chose indépendante c gouvernement qui s'en sert ; c'est un outil, c'est un levi plus ou moins fort, selon les élémens dont il se compos l'art de s'en servir peut suppléer à ce qui lui manqu mais une fois rompu, il faut le secours des ans, des siècles même, et de l'expérience pour le refaire.

Je le concevrais, dit encore M. Laffitte au sujet de cette tactique d'attribuer au pouvoir toutes les fautes qu'on lui prête ou qu'on lui rend inévitables, *de la part des hommes qui, voués à l'opposition toute leur vie, n'auraient pas fait la triste expérience du gouvernement.*

Ainsi, nous avons la triste expectative de ne voir le pouvoir récupérer sa force que lorsque tous *ces hommes qui ont voué toute leur vie à l'opposition auront fait,* par eux-mêmes, *la triste expérience du gouvernement.* Nous ne sommes pas alors encore au bout de nos peines ; car, outre que l'opposition recrute tous les jours de nouveaux champions, ce ne sont pas même tous ceux qui ont *manié le pouvoir* qui abjurent cette vieille habitude de leur vie politique, et voilà ce que M. Laffitte *ne conçoit pas.* Heureusement pour nous, il en paraît au moins dégoûté pour sa part : aussi ne pardonne-t-il pas à M. Guizot, son prédécesseur, *qui n'a passé qu'une partie de sa vie dans l'opposition, qui vient de manier récemment le pouvoir,* et qui, par conséquent, *a pu juger les difficultés,* à s'en servir, quand on n'a pour cela ni art, ni mission, ni vocation que la fantaisie d'en tâter, de venir chercher chicane à ses successeurs sur ce qu'ils n'ont pas su mieux que lui remédier :

A cette lutte des pouvoirs constitutionnels ; à ces pouvoirs exécutifs en désharmonie ; à ce résultat qui en est la conséquence : la liberté individuelle compromise, la liberté des cultes attaquée, le désordre faisant des progrès croissans ; le pouvoir, en un mot, *qui finit par tout laisser périr, parce qu'il ne sait pas se résigner à*

déplaire, parce qu'il n'est pas encore *assez convaincu qu'il faut se passer de popularité !!* Oh! oh! le voilà donc lâché le grand mot! le voilà prononcé cet arrêt contre la *souveraineté du peuple !* Quoi! selon M. Laffitte, le pouvoir est incompatible avec *la popularité,* c'est-à-dire avec le suffrage des masses inertes! Quoi! il ne peut exister de *pouvoir* qu'en bravant le suffrage du peuple, qu'en *sachant déplaire au peuple* (au plebs s'entend), à cette partie de la société que vous avez proclamée souveraine! *La souveraineté du peuple* était donc un mot vide de sens, un mot d'ordre, une consigne, *un passeport* pour arriver *au pouvoir?* Et cependant M. Laffitte en convient autre part : Ce n'est que *fort de sa popularité* qu'il a consenti à accepter les rênes du gouvernement, à prendre le timon des affaires, et à remplacer M. Guizot, qui y avait perdu la sienne. Et cependant, c'est *la popularité,* autrement dire l'investiture de la souveraineté du peuple, dont la Chambre de 1830 a fait son seul appui, sa seule condition d'existence et l'âme de son pouvoir!

Mais il n'y a pas que M. Laffitte qui envisage *la popularité* comme un vain hochet d'enfant, un pur prétexte à l'anéantissement du pouvoir. Ecoutez l'honorable M. Guizot, son prédécesseur :

Depuis long-temps on proclame des idées (et comme l'orateur ne détermine pas d'époque à ce sujet, on peut en faire remonter l'origine au temps où il professait lui-même), *des idées qui tendent toutes à faire descendre le pouvoir de sa haute position sociale, et à le placer au-dessous,* je ne dirai *pas de la société, mais au-dessous de presque toutes les coteries qui* (armées de plus ou moins de *popularité) prétendent l'envahir, et parlent*

au nom de la société. Que chacun de MM. les députés prenne la part qui lui revient de cette condamnation, et il aura, *in petto,* la solution du problème en question. Mais en voici bien d'une autre:

Un honorable membre accuse M. l'ex-ministre de *toujours mal parler de la révolution française, de lui reprocher ses torts en toute occasion.* Comment s'en justifie-t-il? *pendant quinze ans j'ai fait un autre métier;* ah! lui aussi, il a fait un autre métier que celui qu'il fait. L'aveu est précieux! car dans la langue française, on sait ce que c'est que *faire métier d'une chose,* même la plus honorable. Mais faire deux métiers, opposés l'un à l'autre; plaider le blanc et le noir coup sur coup; changer d'allure, de langage et de principe du jour au lendemain, n'est-ce pas défaire d'une main ce qu'on a fait de l'autre? N'est-ce pas s'exclure soi-même de la confiance publique? se fermer la porte du crédit national? s'interdire tout droit à l'estime politique? et se dépopulariser enfin, ainsi que tout le corps dont on est membre, aux yeux de toute l'Europe, à qui on fait une pareille confession? Oui, cent fois oui, et c'est ce double rôle, dont la Chambre de 1830 expie maintenant le tort, et encourt le blâme.

Elle a un autre tort, et c'est encore M. Guizot qui le lui trouve, en s'accusant de s'en être rendu *complice* avec elle. Oui, *complice,* le mot est parlementaire, il a été législativement prononcé comme un complément *aux œuvres de tous* ceux qui ont jeté notre patrie dans la *situation difficile* dont parle M. Laffite. Il est de plus confirmé par cette déclaration solennelle que fait le même M. Guizot.

Je suis aussi engagé, aussi compromis que personne, car évidemment on n'est *compromis* que par de mauvaises

œuvres, et l'on n'est *engagé* de manière à se *compromettre* que dans une *œuvre* inique, et cette œuvre, selon le dire de MM. Laffitte et Guizot, est la *révolution de juillet!* sa *cause,* ajoute-t-il, *est la mienne.* Pour en revenir à la Chambre :

Son autre tort : est d'avoir *pris une autre position que celle qu'elle avait auparavant :* elle est devenue le siége du gouvernement, elle en a pris la direction; c'est d'elle que sont dérivés tous les pouvoirs de l'État.

Et quel est, selon lui, la conséquence de *ce nouvel ordre de choses?* C'est le cercle vicieux dans lequel se meut péniblement le pouvoir qui en résulte, et dont *il ne peut sortir.* Pourquoi? parce qu'ayant été le fruit d'*un grand bouleversement du gouvernement et de la société, c'est dans ce fait seul, dans ce fait primitif de notre révolution, qu'il ait fallut recourir à la force matérielle, au lieu de recourir à la force légale,* qu'est la source des obstacles... Mais voici mieux :

Toute révolution opérée de la sorte est un fait antisocial! Ouf! Enfin, voilà la glorieuse révolution de juillet déclarée par M. Guizot lui même *un fait anti-social;* un fait dans lequel il est *aussi engagé, aussi compromis que personne;* et par M. Laffite, un fait duquel sont complices tous ceux qui, par leurs *œuvres,* ont placé notre patrie et le pouvoir dans la *situation grave* et dans le cercle vicieux *dont* M. Guizot dit que *nous aurons beaucoup de peine à sortir.*

Et c'est dans le sein de la Chambre de 1830, que la révolution de juillet est ainsi traitée! c'est à sa barre qu'elle est ainsi traduite, par son plus ardent instigateur! à sa barre, où elle ne devait s'attendre à trouver que des défenser... et la Chambre de 1830 s'étonne après cela d'être répudiée par tout le monde! Mais la révolution de juillet a bien une autre douleur : c'est celle de voir sa troupe d'élite, son corps de réserve, son talisman enfin, non moins mal traité dans son enceinte, et non moins rigoureusement traduit à sa barre, c'est-à-dire la liberté de la presse, l'influence des journaux, la polémique, enfin! puisqu'il *faut l'appeler par son nom.* Voici le réquisitoire de M. le procureur-général à ce sujet :

Les causes du désordre, du malaise, etc., dit-il, je crois les voir dans le tour qu'a pris de nos jours la polémique. Il est vrai qu'il ne fait que le croire, ce qui lui donne la faculté de se rétracter un jour; ensuite, il ne le voit que depuis que la susdite *polémique* a changé de victime, et pris pour point de mire le gouvernement dont il fait partie, ce qui ne détruit pas la légitimité de son attaque envers tout autre. Mais, par malheur, les vices dont il l'accuse sont inhérens à son essence; et ses reproches, à son égard, sont susceptibles de rétroaction. *La mission des lettres est d'adoucir les mœurs, non d'exciter à la férocité.* Il n'a pas, comme on voit, osé dire textuellement à la rébellion, à la révolte, à *l'insurrection;* mais cela s'implique; car la *férocité* n'en est que la conséquence. *La presse est devenue l'arène de ceux qui n'ont ni l'un ni l'autre* (du talent et un noble caractère). *Non seulement on attaque les principes, mais les hommes, on les a diffamés.* Ce qui veut dire qu'avant la révolution de juillet, les mêmes journaux et les mêmes rédacteurs avaient tous *le talent et le noble caractère requis pour consacrer le droit d'attaquer les principes du gouvernement,* et qu'alors ils *n'attaquaient pas les hom-*

mes, encore moins les diffamaient-ils, ce qui est de toute vérité, on en conviendra.

Mais ce droit légitime *d'attaquer le principe du gouvernement,* que M. l'avocat-général reconnaît à la presse, l'honorable M. Salvandy, qui écrit sur la politique, ne le lui reconnaît pas.

La liberté de la presse n'accorde pas ce droit, dit-il EX PROFESSO, *elle ne permet pas qu'on attaque le principe même du gouvernement; car, attaquer ce principe, c'est attaquer la solidarité de tous les citoyens; tous les jours ces insultes se renouvellent.* Et qui plus est, M. de Salvandy, il y a long-temps que ces insultes sont les armes de l'opposition.

Donc, entre ces deux orateurs, voilà la presse réduite à la portion congrue, et condamnée à la modération par la Chambre de 1830, qui cependant doit tout à son insubordination.

Un des besoins du peuple est l'instruction. Cette expression, dans la bouche de M. l'avocat-général, ne peut être qu'un *lapsus linguæ* ou une faute du prote; car évidemment il devait y avoir *éducation.* En effet, l'instruction est le fruit de l'étude, et l'étude est incompatible avec les occupations manuelles du peuple, c'est-à-dire la classe ouvrière, qui ne peut prétendre qu'à savoir écrire et lire tout au plus. Cela est si vrai, que M. Persil lui-même ajoute : *Employons donc tous nos efforts pour l'instruire,* c'est-à-dire encore pour le guider, *et surtout gardons-nous de l'égarer.* Nous y voilà! *Parce qu'il est ignorant, il est facile, et les ennemis de la liberté peuvent abuser du prétexte de l'instruire.* Ah! ça, un moment, M. le procureur-général; quand pourra-t-il s'apercevoir que ceux qui entreprennent de l'instruire l'instruisent de ses véritables intérêts, ou l'égarent? à quel langage reconnaîtra-t-il que leur mission est un prétexte, ou un amour sincère de la liberté? Et s'il doit juger de ses maîtres sur le fait matériel de son bien-être, ne craignez-vous pas qu'il soupçonne généralement tous ceux qui, depuis quelque temps, professent cet amour de la liberté et s'en disent les vrais amis? Car, depuis quinze ans, qu'on a *fait tant d'efforts pour l'instruire, avec la crainte de l'égarer,* tout le fruit de ce cours d'*instruction* vient aboutir à ce *vandalisme dont il n'y a pas d'exemple dans les siècles de barbarie.* C'est M. Persil qui dit cela. Quoi! c'est au mois de février 1830 que le *peuple est* encore *empreint* de ce *reste de barbarie!* Après quinze ans d'*instruction!* après tous les *efforts* qu'on a faits pour qu'il ne s'égarât pas! il est donc incorrigible le peuple? et c'est donc une niaiserie que de chercher à l'instruire? Ce n'est pas toute *la pensée* de l'orateur. *Je ne crains pas le peuple tant qu'il est livré à lui-même.* Ah! maintenant, voilà qu'il vaut mieux l'abandonner à sa propre impulsion! Il n'y a rien de tel que de s'entendre. *Quand il agira par sa propre inspiration,* (imbu seulement de principes religieux et de morale publique, cela va sans dire, sans doute), *ses jugemens seront les jugemens de Dieu. Mais le peuple se laisse facilement imposer; on excite ses passions, on le domine, on l'entraîne; c'est alors que je le crains.* Et pourquoi dans ce cas? Parce qu'alors, on le pousse aux émeutes, *à la révolte, à l'insurrection,* qu'elle soit ou crime d'Etat, ou le plus *sain de ses devoirs.* Car comment le peut-il discerner, si on ne le lui dit pas. *Il se laisse facilement imposer, et on peut l'entraîner* à croire qu'il remplit *le plus saint des devoirs,* quand sa masse et sa *force matérielle* sont mises en mouvement pour *bouleverser l'Etat,* détruire *l'ordre légal,* et rendre célèbres dans l'histoire trois jours d'un mois quelconque, *par un vandalisme qui n'a pas d'exemple dans les temps les plus barbares.* Aussi l'orateur conclut-il ainsi :

C'est pour cela, pour cela seul que je cherche la limite où doivent s'arrêter les droits que la société, pour sa conservation, a intérêt de lui reconnaître. A qui? au peuple? au peuple souverain? à celui de qui tous les autres droits émanent? à celui de qui tous les fonctionnaires de l'Etat ne sont, comme le dit M. de Schonen, *que les subdélégués?* L'ai-je bien entendu? Eh! mais voilà une plaisante *souveraineté* que celle dont *la limite* est incertaine, et que *la société, pour sa conservation, a intérêt* à restreindre le plus possible! Car *souveraineté* implique l'idée d'une suprématie d'autorité : c'est une investiture sans réserve, sans *limite* de tous les pouvoirs sociaux. Quel que soit donc l'être ou la chose qui en est investie, à cette unité physique ou morale appartient seul l'exercice immédiat des pouvoirs qu'elle confère. L'idée d'une souveraineté collective est donc une monstruosité morale. Admettons que le peuple, c'est-à-dire la classe subalterne de la société, renferme en lui seul tous les pouvoirs dont se compose un Etat. La souveraineté ne réside qu'en l'être ou en la chose à qui il confère ces pouvoirs. Mais, du moment qu'il les a transmis, il n'en peut plus avoir l'exercice; il s'y soumet lui-même. Or, c'est dans l'exercice de ces pouvoirs qu'est la *souveraineté,* et non dans les pouvoirs eux-mêmes. Comme la force est dans le bras, et non dans le levier; celle du levier n'est que spécifique, et seulement relative à son poids, à son volume et à son étendue

D'ailleurs, autre absurdité, est-ce que tous les pouvoirs dont la souveraineté se compose, c'est le peuple qui en investit ou le prince ou la chose publique? Oui, si par peuple, comme le dit M. Dupin, vous entendez la nation entière; mais le *plebs,* mais le peuple ouvrier, non, mille fois non. Le pouvoir qu'il délègue est celui du nombre; c'est la force physique, c'est le poids de la masse inerte, c'est la société brute qu'il confie à l'Etat pour la civiliser, c'est la matière première qu'il lui laisse à mettre en œuvre; c'est un pouvoir fondamental sans doute, mais qui seul, abandonné à lui - même, n'est rien; c'est la stérilité du désert; c'est tout ce qui n'est rien sans le secours de l'art; et l'art de faire quelque chose de ce rien s'appelle *la civilisation :* telle est la démocratie.

Mais cette autre classe de la société où la civilisation prend sa source; où l'Etat puise les lumières qui le guident, la raison qui l'éclaire, la sagesse qui le conseille, l'impulsion qui le dirige; cette classe à qui seule la société doit la vie, le mouvement, la force; qui constitue enfin l'être moral de l'Etat, la faut - il compter pour rien? Et parce que l'autre a le nombre pour elle, parce qu'elle la précède dans la formation du corps social, sera-ce une raison pour qu'elle doive commander à l'être dont sa destinée est de dépendre? Les avantages multiples qu'elle apporte en dot à l'Etat, ne sont-ce pas des pouvoirs, des pouvoirs plus réels que la force physique? La démocratie n'est qu'un pouvoir, qu'un seul, et qui même n'est pouvoir qu'alors que sa force a une volonté fixe et un but déterminé; l'aristocratie en compte et en offre autant qu'elle renferme d'individualités : laquelle de ces deux classes doit avoir le pas sur l'autre? et quelle est celle qui a la plus grande part dans la somme des pouvoirs dont la souveraineté est l'investiture? La proportion mathématique est d'un à mille; celle de leurs droits respectifs est donc en raison inverse du nombre matériel : la société, la raison, le bon sens, la justice le veulent ainsi.

Eh! s'il en était autrement, bientôt ne faudrait-il pas nous entendre et nous laisser dire que c'est dans le bloc de marbre qu'est tout le mérite de la statue dont le génie de Phidias a fait un chef-d'œuvre; que c'est dans le matériel du navire ou dans la main-d'œuvre de son équipage qu'est toute l'habileté de sa marche et de ses évolutions? C'est le dernier paroxisme de l'absurde. Et quand on pense que ce paroxisme de l'absurde est la raison d'État du jour, la devise du système actuel, la règle de la législation dominante, le refrain et la *ritournelle* obligée de toutes les amplifications de la politique du jour; que ce paroxisme, enfin, gagne jusqu'aux esprits les mieux constitués, on se croit transporté sous quelqu'un de ces climats en proie aux contagions pestilentielles, et pis encore, car au moins là une épidémie est une épidémie; et quand c'est de deuil et de douleurs que ce fléau couvre la terre, on ne s'entend pas dire que c'est de la gloire et de la prospérité.

M. Persil pense donc en législateur, *quand il cherche une limite* aux droits de la démocratie. Malheureusement pour la Chambre, cette réflexion solitaire ne change pas la teinte générale, et le sophisme y prend amplement sa revanche. Ecoutons:

J'ai vu avec peine une exclusion qui consacre le

principe de l'aristocratie. Vous l'avez entendu... Eh bien, c'est un député qui dit cela, c'est un de nos législateurs : comme si *le principe de l'aristocratie* avait besoin de la consécration de ces messieurs! comme s'il n'était pas, sans leur secours, un principe inhérent à tout état social, une condition d'existence politique! Et *c'est avec peine* qu'il voit *une exclusion* dans la classification des droits publics en sa faveur. Eh mais, monsieur de Lafayette, il ne faut pas que cela vous afflige plus que les patriotes autrefois ne l'ont été quand ils ont vu, par la Convention, décréter *l'existence de l'Être suprême.* Les décrets et les paroles de cette nature ne changent rien aux choses. Que *la suprématie de Dieu* sur les hommes ou *la suprématie* du moral sur le physique de la société soit ou non reconnue, admise *en principe,* elle n'en existera pas moins, quelque *peine* que cela vous cause. Mais ce n'est pas tout :

Il y a dans cette capitale, comme dans toutes les capitales, *une foule de gens habitués à tous les vices, à toutes les dégradations de la mollesse.* Oui; mais il n'y a pas que de ces gens-là dans la classe civilisée; il y a aussi d'illustres citoyens, des hommes de génie, des hommes de talent, des hommes désintéressés, dont l'exemple est à suivre; des hommes vertueux, dignes de la confiance publique et privée, ou du moins il peut et doit y en avoir; il ne s'agit que de les chercher. Cependant, c'est *hors* de cette classe de la société, par vous condamnée en masse, que vous placez le principe de la civilisation! Et à la faveur de quel argument?

En dehors de ce rebut de la société, il y a, dans la population à laquelle nous devons la révolution, une classe de citoyens qui, dans mon opinion, s'élève au-

dessus de toutes les classes de la société : voilà pourquoi je suis pour les mesures populaires. Belle conclusion, et digne de l'exorde!

Dans cette classe de prétendus *citoyens,* l'honorable député aurait dû, comme il a fait pour l'autre, admettre aussi *une foule de gens* qui n'ont rien, parce qu'ils ne veulent rien avoir; *de gens habitués à toutes les dégradations* de l'espèce humaine, *à tous les vices* de l'ignorance et de la turpitude : il aurait dû y admettre aussi *une foule de gens habitués* au vagabondage, au larcin, au vol; gens qui ne sont susceptibles que d'un frein, celui de la justice criminelle ou correctionnelle, dès qu'une fois ils ont rompu le seul qui les puisse maintenir en-deçà du crime, la religion. Voilà, voilà la population à qui nous devons la révolution! voilà *la classe* que M. de Lafayette trouve, dans son opinion, *au-dessus de toutes les autres classes de la société!* et voilà la raison qui le fait *être pour les mesures populaires,* c'est-à-dire les émeutes!

Sans doute ce n'est pas sa partie immonde qu'il entend, qu'il envisage : loin de moi de lui supposer cette pensée! Mais si cette partie immonde est inhérente à son autre nature; si c'est cette partie immonde qui est la plus facile à mettre en mouvement, est principalement celle qui fait les émeutes et qui est la pépinière où l'insurrection prend ses armes; si la preuve patente en est dans la sympathie que toutes les émeutes constatent et éveillent pour les repris de justice, dont leur premier soin est d'aller briser les fers; si c'est à Bicêtre, à Sainte-Pélagie, à la Conciergerie, et partout où il y a agglomération de malfaiteurs, que les émeutes populaires recrutent leur troupe et vont chercher leurs *héros,* c'est, insciemment sans doute, mais bien maladroitement que M. de Lafayette s'accuse *d'étre pour les mesures populaires.*

Vous niez que ce soit toujours cette partie immonde du peuple qui fasse les émeutes, parce que dans celle de juillet il n'y a point eu de vols. Ecoutez M. Baude; il n'est pas suspect, lui ; et son rapport sur celle de février va vous offrir tous les traits de celle de juillet, à l'exception du sang versé : mais pourquoi, et grâce à qui ? parce que cette fois on ne lui avait pas donné d'armes, et parce que la force légale l'a laissé faire. Ecoutez M. Baude :

Un assez grand nombre de libérés (ce sont des voleurs qui ont subi leur peine) se sont portés à l'Archevéché et dans tous les autres édifices religieux, qui se sont trouvés en proie à la dévastation. Et voilà ce qu'on appelle le peuple ! C'est cette horde de galériens acquittés dont les vociférations sont qualifiées, par quelque autre honorable député, de *juste indignation,* de *colère légitime,* de rancune *du peuple* contre une cérémonie religieuse intempestive !

« Oh ! mais, va-t-on se récrier de toutes parts, quelle différence de cette émeute populaire avec celle de juillet ! En juillet, il n'y avait point de *forçats libérés,* il n'y avait point de *voleurs* qui eussent à subir ou qui eussent *subi leur peine.* On avait bien forcé toutes les prisons, mais par humanité pure, et à la condition expresse que leurs échappés observeraient le système de *la non intervention.* Voyez comme ils se sont conduits ! Ils ont *tout cassé, tout dévasté,* tout saccagé ; mais au milieu de tout cela, pas un vol ! pas un larcin ! » Admettons l'hyperbole, et, certes, c'est bien de la complaisance. Donc, c'étaient tous des gens de cœur, des héros ; soit : mais scrutons l'héroïsme de février.

C'est M. Baude qui en est le panégyriste. *Il est fort remarquable, dit-il, que la masse des hommes égarés qui se sont portés à ces excès, ait tout cassé, tout dévasté... et n'ait cependant rien emporté!!!* Même figure de rhétorique qu'à l'occasion de la première émeute, même trait caractéristique, même cause, même effet. Juillet, octobre, décembre et février, donnez-vous la main.

En voulez-vous une preuve? prenez-la dans la spontanéité de l'inspiration qui force, malgré lui, l'honorable M. de Kératry à réunir vos deux extrêmes, juillet et février.

Oui, messieurs, vous avez été calomniés; je le dis hautement, dussé-je être demain l'objet des sarcasmes. Des journaux ont été jusqu'à vous imputer le vandalisme des trois journées de juillet... je voulais dire de février. Habemus confitentem reum... L'histoire, qui ne se trompe pas, et qui n'est point sujette aux distractions, n'en dira pas plus.

Voilà, MM. les députés, la conséquence de votre imprudence à accepter, pour principe d'un gouvernement à fonder, une raison d'Etat ambiguë, dont l'interprétation est *ad libitum*, et qui, au fond, signifie tout ce qu'il plaira aux évènemens de lui faire signifier. Et comment cette raison d'Etat, sur laquelle vous fondez ou prétendez fonder notre avenir, pourrait-elle faire augurer rien de bon? De qui l'avez-vous reçue? d'une émeute en effervescence, d'une population ivre de carnage et de dévastation. Sous quels auspices l'avez-vous accueillie? entre la bourse ou la vie, que la révolte armée vous demandait sous les noms de *liberté* et d'*ordre*. Voilà quels sont les motifs qui vous ont fait consacrer en principe social la conservation de votre bourse et de votre vie, en otage jusqu'à votre décision ?

Mais, n'importe, la peur n'est pas un crime ; c'est même un don du ciel fait à l'homme pour se tenir sous sa dépendance, et le ramener à lui quand il en vaut la peine. Vous avez ratifié toutes les bases du traité que les législateurs de carrefours vous ont imposés ; le pouvoir en lambeaux, vous l'avez ramassé sous les pieds d'une multitude égarée ; on vous a dit d'en faire un manteau royal, propre à couvrir nos destins futurs, et vous en avez fait un habit rapetassé, capable à peine de cacher la moindre de nos misères ; soit, l'urgence et la nécessité ne conseillent et n'inspirent jamais mieux.

Mais quand eut cessé leur empire du moment, quand la peur eut quitté votre seuil, quand la raison s'offrit de vous aider à regarder en arrière, pourquoi ne l'avez-vous pas à son tour consultée ? Elle vous aurait donné le mot de cette énigme politique, elle aurait déchiré le voile qui vous en cachait le mot. Votre popularité, votre chère idole, vous aurait abandonnés, dites-vous. Ah ! ne vous a-t-elle pas abandonnés plus tard ? Au moins, alors, vous auriez eu en échange la propre satisfaction de vous-mêmes. Loin de là, même encore aujourd'hui, cette espèce de proscription qui vous poursuit est une énigme pour vous.

On ne s'est pas assez attaché à développer (l'orateur a voulu dire *définir*) *les principes du nouveau système de juillet,* vous crie l'un : c'est M. Salverte.

Le moment est venu de se prononcer, vous crie l'autre : c'est M. de Rambuteau.

Il faut que le pouvoir se prononce entre la majorité ou la minorité de la Chambre, dit M. Perrier.

L'ordre et la liberté se réunissant sous la monarchie constitutionnelle, dit M. Guizot, *c'est la véritable promesse de la révolution de juillet.*

Comme si une révolution quelconque faisait des promesses! Où la métaphore vient-elle se nicher! *C'est là le véritable programme de l'Hôtel-de-Ville;* et toujours cet *éternel programme de l'Hôtel-de-Ville,* que personne ne comprend, que personne ne veut comprendre, quand il serait compréhensible! Enfin c'est là, soi-disant, *ce que nous réclamons tous, comme la conséquence d'une révolution à laquelle nous sommes fidèles.* Qui tous? pas un; non, pas un seul. Eh! y aurait-il entre vous *majorité* et *minorité,* si vous étiez *tous* fidèles au programme de votre inauguration?

Que dis-je? s'il n'y avait que deux nuances d'opinions et de sentimens parmi vous, messieurs; que la majorité fût toute d'une couleur et la minorité toute d'une autre, ce ne serait qu'une demi-preuve de votre désunion : mais chacune de ces deux moitiés se subdivise en cent autres bien distinctes; et quand l'occasion les fait ressortir de vos débats, bien expert serait le mathématicien qui pourrait en résoudre l'équation, et en dégager *l'inconnue!*

Posons donc la question franchement et sans détour; on va voir si c'est avec de la liberté qu'on fait du pouvoir, ou avec du pouvoir qu'on fait de la liberté. Vous voulez créer un gouvernement, n'est-il pas vrai? Or, pour faire un gouvernement, il faut avoir de l'autorité à lui donner; et comme, par le seul fait de sa tentative à recréer le pouvoir, la Chambre était condamnée à perdre le sien, il lui était impossible de donner ce qu'elle n'avait pas, ou ce qu'elle était à la veille de perdre.

Pour faire un *gouvernement*, il faut en outre savoir ce que c'est que *gouverner;* c'est le moins : or, s'il se trouve dans la Chambre des députés quelqu'un qui le sache, il est bien discret, il faut en convenir ! Tous, cependant, accueillent unanimement les vérités relatives à cet art, quand par hasard il en échappe une à quelqu'un de ses membres.

Dit-on *qu'il faut que le gouvernement soit fort... qu'il agisse* au lieu de parler et de discuter... qu'il sévisse contre tel ou tel abus... qu'il rétablisse l'ordre, maintienne la tranquillité, assure les droits de chacun... oh! alors il n'y a qu'une voix dans l'assemblée.

M. Guizot dit-il, et très-justement, *qu'il ne faut pas qu'un gouvernement obéisse, même à une majorité,* c'est à dire à la force du nombre, quel qu'il soit, et quelque part qu'il se trouve... tout le monde applaudit. Ajoute-t-il *qu'il ne croit pas qu'un gouvernement doive obéir...* un suffrage universel le confirme dans sa croyance.

Mais, encore une fois, qu'est-ce que gouverner? c'est user du pouvoir au profit de l'État, dans l'intérêt de tous les membres de la communauté. Gouverner, c'est diriger, c'est donner une impulsion, c'est tendre à un but, c'est suivre une voie quelconque, et faire arriver la fortune publique au degré de prospérité que comportent et la nature et les circonstances où elle se trouve.

Mais pour atteindre à ce but, que faut-il? liberté entière. Oui, mais pour l'Etat d'abord; par conséquent, soumission absolue de la part de tous les intérêts privés à la volonté commune; de tous, sans en excepter un seul. Tout, en principe, appartient *à l'Etat;* et c'est le droit de propriété morale qu'il a sur tout, qui constitue ce qu'on appelle *le pouvoir.* C'est la réunion de toutes ces attributions sociales dans une seule et même volonté, qu'on appelle *l'Etat.* C'est la direction à donner à cette seule et même volonté, dans l'intérêt de la communauté, qu'on appelle *gouvernement.* C'est la répartition des droits de chaque membre de la communauté à la participation de la *fortune publique,* que l'on appelle *administration.* Le juste et parfait équilibre entre tous les intérêts publics et privés, généraux ou partiels, leur classification hiérarchique, voilà ce qu'on appelle l'*ordre,* l'ordre social. Enfin, l'indépendance dégagée de toutes entraves, soit au-dehors, soit au-dedans; la facilité d'action avec laquelle le pouvoir de l'Etat opère le concours de tous les intérêts, et les rallie à celui de la fortune publique, voilà ce qu'on appelle la *liberté,* liberté sociale que vous confondez sans cesse avec la liberté naturelle. Viennent après les *libertés* ou les franchises du citoyen; c'est-à-dire les concessions que l'Etat lui fait à son tour, dans la jouissance de la part qui lui revient de la prospérité publique; concessions que règle et détermine sa position, et qu'il lui fait au fur et à mesure de son accroissement en pouvoir et en stabilité.

Voilà, messieurs, qui est, je crois, un peu plus clair, un peu plus précis que vos fragmens d'axiomes politiques, détachés d'un protocole occulte appelé le *programme de l'Hôtel-de-Ville,* et auquel M. Guizot est si fier d'avoir coopéré. Au moins, si ce protocole avait défini, spécifié la nature de ses principes, en admettant qu'il en contînt, vous auriez su ce qu'on voulait de vous, et si ce qu'on voulait était faisable.

Ainsi donc, gouverner, c'est diriger dans l'intérêt de la communauté, l'action de tous les pouvoirs de l'Etat ; lesquels pouvoirs résultent de ses droits sur le citoyen depuis son berceau jusqu'à sa tombe ; et lesquels droits sont les conditions d'existence de la société, comme ceux de l'autorité paternelle sont l'unique base du pacte de famille. Autrement, gouverner n'est plus qu'administrer.

S'il en est ainsi (et je doute qu'on le puisse contester), voyez un peu, messieurs les députés, ce que vous avez entrepris en osant fonder un gouvernement sous la dictée d'une populace victorieuse et triomphante, qui vous impose, pour première condition, de reconnaître et de sanctionner sa prétendue souveraineté, et le droit de la constituer désormais l'arbitre des destinées de la France ; elle ! cette populace effrénée ! cette multitude aveugle ! cette masse ignorante ! qui, comme le dit Rousseau lui-même, *ne sait ni ce qu'elle veut, ni ce qui lui est bon.*

Mais n'importe, le *programme de l'Hôtel-de-Ville* est fait, comme Dubelloy disait de son *siége de Calais.* Il vous demande, il exige de vous... *un gouvernement fort.* Et quels sont les matériaux qu'il vous laisse pour le fonder ? liberté pour tous et dans tout, par conséquent point de pouvoir sur les mœurs, sur les habitudes sociales ; point de contrôle sur les penchans du peuple, point d'influence sur l'éducation, sur la vie du citoyen ; et si défalcation faite de toutes ces libertés, il en reste une petite pour l'Etat, servez-vous-en pour faire du *pouvoir,* et avec ce pouvoir, faites *un gouvernement fort.*

Aussi, qu'est-il arrivé? qu'arrive-t-il? c'est que le gouvernement que vous avez fondé ressemble à du pouvoir, et les argumens sur lesquels vous en avez basé le principe ressemblent à de la politique, tout juste comme la consultation de Sganarelle ressemble à une démonstration de science et d'art médical : *voilà pourquoi votre fille est muette;* mais le pire de notre Constitution nouvelle, si Constitution il y a, n'est pas d'être muette; c'est qu'elle est sourde encore! et sourde à ne point entendre cet énorme fracas des ruines publiques qu'elle entraîne.

Pour finir le portrait du gouvernement que vous avez fondé, il ne faut que se représenter l'Etat sous l'emblême d'un vaisseau (cette comparaison est si admissible, que le *vaisseau de l'Etat* est même une expression consacrée); et comparer votre entreprise à celle d'un voyage de long cours entrepris sur un vieux corps de navire, sans gouvernail, sans mâture et sans voile, pendant un gros temps, et au milieu d'ennemis en possession de tout ce qui constitue la force maritime.

Je regrette que l'espace me manque ici, pour démontrer la fragilité des élémens du pouvoir actuel; mais je le ferai plus tard, et dans une autre brochure, où j'expliquerai, la *théorie du pouvoir,* tel qu'il existe réellement dans un Etat bien constitué: je ferai voir les futiles expédiens et les fausses mesures auxquels on a eu recours, pour suppléer à ce qu'il manque de force et d'action dans le gouvernement que l'on prétend, que l'on croit avoir fondé. C'est alors que je ferai comme toucher au doigt le vice radical dont il est atteint, et la source de tous les obstacles qui entravent sa marche et son action.

M. de Montalivet, qui quelquefois frappe juste, dans le onmbre des larges entailles qu'il fait au corps social, ne se trompe pas quand il dit : *La force et la facilité d'action ne sont pas choses qui se décrètent et qui se votent.* Il a fait, et fait encore chaque jour, l'expérience qu'il ne suffit pas de dire à *un gouvernement* sois fort : Gouverne. M. Persil a beau dire, au nom de tous ses collègues, *quels sont les principes du ministère ?* Ils sont *les nôtres, à nous qui voulons l'appuyer.* Soit ; mais il ne suffit pas de *vouloir* appuyer un ministère, il faut le pouvoir ; et pour cela, n'avoir pas soi-même besoin d'appui. En vain il ajoute : *Comme lui, nous repoussons le gouvernement absolu ;* c'est en quoi vous avez tort ; car qu'est-ce qu'un gouvernement fort ? un gouvernement qui a une volonté ferme, et le pouvoir de la faire respecter ? C'est *un gouvernement absolu.* Voilà ce que c'est que de confondre l'*Etat* avec le prince ; et l'*absolutisme* salutaire de l'un, avec l'*arbitraire* possible de l'autre. *Nous repoussons également la licence sous le nom de liberté.* Et comment l'*Etat* la contiendra-t-elle la licence, si sa volonté n'est pas seulement *écoutée,* bien loin d'être *absolue ? Nos principes, sont le programme de l'Hôtel-de-Ville.* Eh bien ! c'est précisément parce que ce sont-là *vos principes,* que votre gouvernement ne peut pas *marcher,* ni vous l'*appuyer.* Et d'ailleurs, appeler ce *programme de l'Hôtel-de-Ville* un principe ! oui, en ce sens que c'est le commencement de votre déclin. Ne vous abusez donc plus, messieurs : aucun gouvernement n'est possible, assis sur les bases où vous avez posé le vôtre. Après avoir canonisé l'insurrection, et fait canonner la force légale, ne comptez plus sur la force armée, pour assurer l'exécution de vos lois. Ne comptez pas davantage sur votre *institution* de la garde nationale. M. de Schonen vous l'a dit : *Le gouvernement peut s'appuyer sur la garde nationale tant qu'il s'agira de défendre l'ordre,* c'est-à-dire tant qu'il s'agira de prévenir le sac des boutiques et des maisons bourgeoises ; mais le sac des églises, mais le sac des châteaux, des palais fleurdelisés, et de tout ce qui n'est pas la propriété du *moi privé,* elle arrivera toujours trop tard pour l'empêcher, et toujours à temps *pour former une muraille vivante et continuelle autour des édifices et des personnes* qui sont du domaine de sa sympathie. *Encore ce rôle impassible ne peut-il se soutenir long-temps !* Pesez bien ces paroles ! *Nous n'avons jamais chargé ce ramas de brigands,* dit M. de Schonen, *mais ce rôle impassible ne peut se soutenir long-temps,* et il faut que l'héroïsme du brigandage reçoive à la fin son prix.

Et la preuve que ce n'est pas une mesure d'Etat, dans les besoins sociaux, que l'érection, en une institution spéciale, de cette garde civique, et que son utilité accidentelle est passagère, c'est que la loi qui la fonde n'y change rien, n'éveille aucun intérêt ; et qu'on s'inquiète peu maintenant de ce qu'elle est ou n'est pas dans son texte, dans son cours de promulgation et dans ses effets probables. Je dis plus : cette mesure confirme ce que j'ai dit plus haut : que notre science législative est à l'A B C, en ce que cette institution est incompatible avec tout gouvernement *stable* et *fort* : *stable,* en ce que cette garde délibérante n'est au fond qu'une nouvelle *prétorienne,* ou une troupe de janissaires à la merci de laquelle il sera toujours ; *fort,* en ce qu'il *ne peut compter sur elle* que pour maintenir *l'ordre* des boutiques et *la liberté* des rues.

Ainsi donc, et sous de pareils auspices, le gouvernement que vous avez fondé ne peut agir, ne peut marcher, ne peut même durer que par la grâce de Dieu et des émeutes : aussi *en a-t-il toujours une en poche,* comme l'a dit très-judicieusement M. A. Perrier, pour intimider tour à tour et successivement ses amis et ses ennemis; et comme il est né d'une émeute, fidèle à sa lignée, il se nourrit d'émeutes. Autre conséquence : un tel gouvernement ne pouvait chercher, ne pouvait trouver des ministres et des fonctionnaires que parmi *les individus* que désigne l'honorable M. Odillon-Barrot, *qui trouveront toujours très-commode d'exploiter une couronne, un trône ou une légitimité quelconque;* et parmi ces individus, qui pis est, il était forcé de donner la préférence *à ceux* d'entre eux qui, comme le dit l'honorable Delessert, avaient plus ou moins contribué *aux trois journées de juillet,* dans *l'intention de les exploiter à leur profit.* Partant un gouvernement tel, et servi par de pareils fonctionnaires, pouvait avoir et exercer beaucoup d'influence... sur *le pavé* de Paris; mais c'est tout.

De là vient que, sans pouvoir réel, sans influence active sur les mœurs, sur les habitudes sociales, sur l'esprit du peuple, toujours tenu sous le giron de la Chambre des députés, sa mère et sa nourrice, n'osant pas faire un geste sans sa permission, pas un acte sans lui en rendre compte, pas une démarche sans avoir son avis, il s'est vu réduit au mensonge et à la déception pour toute raison d'Etat. Ainsi, veut-il par exemple faire croire qu'il marche? il recule, par une émeute, la civilisation jusqu'aux temps les plus barbares; et puis, quand l'émeute est finie, grâce à la garde nationale, il se loue, comme ce personnage de la fable en présence du lion, sur sa prudence et sur sa sagesse à avoir crié plus fort que tout le monde. Veut-il prouver combien, sous sa gestion, la France a gagné de bonheur et de prospérité? il dit tous les désastres qu'elle peut encore encourir et qui la menacent, en s'attribuant seul le mérite d'en avoir reculé l'époque; et lorsqu'ils arrivent par la force des choses, au fur et à mesure qu'ils tombent de tout leur poids sur nos pauvres destins, il en accuse alors et la Chambre, et la majorité et la minorité, et ses ennemis et ses amis, tout le monde enfin, excepté son impéritie patente. Il fait bien pis alors! il en accuse même jusqu'à l'ombre d'un pouvoir qui lui est resté par hasard, au milieu de la conflagration générale. Témoin la philippique de l'honorable M. Baude contre l'influence qui reste encore à l'État sur *l'enseignement* et sur *le culte*, droit qu'il lui conteste, et qu'il considère comme une des causes de l'échauffourée n° 4; et sur quoi appuie-t-il cette conjecture? C'est là que l'homme d'État se fait voir en lui:

Lorsque le peuple disait, par l'organe que je viens de citer, que rien *n'allait, ni le travail ni le gouverne-ment* (notez bien que *l'organe qu'il vient* de citer est *un ouvrier employé* au sac de l'Archevêché pendant les trois journées de février), *il exprimait... les dispositions de l'esprit public!* Voyez-vous *cet ouvrier,* vandale officieux, faisant partie de *ce ramas de brigands,* selon M. de Schonen; peut-être même un de *ces forçats libérés,* dont *le nombre* était *grand,* dit M. Baude autre part: le voyez-vous donnant leçon de jurisprudence politique à M. le préfet de police, et le déterminant à penser que *les cultes et l'instruction publique ne doivent plus être autre chose qu'un objet de haute police?* Gouverne, après, qui pourra!

Les cultes, dans un pays libre, n'ont qu'une existence passive !! tel est le résumé du petit cours de législation que *cet ouvrier, organe de l'esprit public* en France, a fortuitement et fort heureusement offert à ce magistrat. Eh ! pour parler sérieusement, si cela est possible en présence de tant de choses plaisantes, pouvait-on attendre mieux d'un magistrat impromptu que l'administration a été prendre dans l'atelier d'une feuille périodique que la crise de juillet a seule rappelée à la vie ? Quoi ! parce que ce M. Baude est un homme d'esprit, de beaucoup d'esprit, de talent, de beaucoup de talent, j'y consens, pour la rédaction d'un journal, et que, pour sa part, il a peut-être soulevé une trentaine de pavés de la rue de *la Loi,* voilà que l'on en fait un magistrat en chef, un législateur en sous-ordre, un homme d'Etat ! et voilà, à quelques exceptions près, de quelle trempe sont tous nos hommes d'Etat, aujourd'hui ! *Oh ! quelle folie !* comme dit Figaro en voyant sortir Marceline du bosquet ténébreux, *ma mère en est !* Et l'on veut faire du pouvoir avec de pareils matériaux ! on veut faire du pouvoir, et l'on ne connaît pas un seul des élémens qui le composent ! En faut-il la preuve ? la voici dans sa plus simple expression c'est M. Odillon-Barot qui parle :

Quant aux causes des évènemens de juillet, il est bien certain que, tout en faisant la révolution de juillet, nous n'avons pas pu détruire à l'instant même tous les préjugés ! Eh ! mais, monsieur l'avocat, ce n'est qu'avec des *préjugés* qu'on fait du *pouvoir. Préjugés* anciens ou *préjugés* nouveaux : un *préjugé* est un sentiment inculqué en nous sans la participation de notre propre jugement, et dont l'effet salutaire a été jugé tel avant nous, ou hors de nous. *La souveraineté du peuple* est un *préjuge en herbe;* *la liberté pour tous* est un *préjugé* logogryphique; tous vos grands axiomes politiques sont, comme on dit en anglais, des *would-be préjugés,* c'est-à-dire des *voudraient-étre préjugés;* tout sentiment dont on ne peut pas se rendre compte est un *préjugé.* Vous ne saviez donc pas cela? eh bien! je vous l'apprends, moi. Je vous dis plus : le peu de force, le peu de pouvoir qu'a votre gouvernement, il ne le doit qu'à ceux de *ses antiques préjugés que vous n'avez pas pu détruire;* qu'à celles de *ces prétentions* soit-disant *anti-sociales qui existaient avant vous,* dont vous n'avez pas encore pu triompher, et qui, malgré vos efforts, *existeront encore long-temps après vous,* grâce au Ciel ! Enfin, *lorsque vos généreuses illusions vous font croire* qu'à force *de modération et de liberté, vous leur* (ceux qui *cherchent à démolir le gouvernement que vous avez fondé*) *ferez chérir vos institutions,* illusion est le mot : il n'y a qu'un gouvernement de longue date qui gouverne *par modération et liberté.* Quant à *vos institutions,* ce n'est pas le mot; il eût fallu dire le petit code de lois de *police administrative,* que vous prenez pour des *institutions. Lorsque,* par-là, *vous croyez les rallier à l'ordre actuel des choses* (ce qui n'est pas *l'ordre de choses actuel!* car il y a une immensité entre ces deux locutions), *vous vous trompez cruellement,* oh! oui, *cruellement!* surtout pour nous. *Ils prennent votre modération pour de la faiblesse;* ils ont raison, car *ça en est! et ils usent de la liberté.....* *pour nous attaquer et pour nous renverser à notre tour.* Et pourquoi n'auriez-vous pas le *vôtre,* messieurs du pouvoir actuel ?

Vous croyez-vous, hommes d'un jour, plus privilégiés que les hommes de plusieurs siècles? Osiris, Sesostris, Darius, Alexandre, César, Athènes, Rome et Carthage ont bien eu leur tour, et vous ne voulez pas avoir le vôtre! Leur règne a passé comme une ombre! et vous croyez que le votre durera toujours! Etrange illusion, que celle qui se flatte de pouvoir impunément nier la puissance des siècles passés, et braver celle des siècles futurs!

La restauration a relevé le trône du droit divin, dit avec ironie le même orateur. Non, M. Odillon Barot, *ce n'est pas la restauration qui a relevé le trône du droit divin, mais le droit divin qui a relevé le trône de la restauration.* Un homme d'Etat, à votre place, aurait ajouté : Et s'il est tombé une seconde fois, c'est qu'ainsi l'a voulu *le droit divin*, c'est-à-dire la puissance des siècles. Voyez Napoléon s'il a fait fi de ce droit, dont on fait aujourd'hui la pâture des sarcasmes populaires; il s'en est bien gardé! qu'il y ajoutât foi ou non, il y a trouvé un élément de pouvoir, dans la solennité de son sacre. Il était tout puissant cependant, par l'ascendant de sa gloire et par le dévouement de ses armées! N'importe : il sentit la nécessité de reconnaître publiquement une toute puissance au-dessus de la sienne, et son pressentiment était si bien fondé, qu'il fut par la suite contraint de la reconnaître même intérieurement. Demandez à son ombre ce que l'empire qu'il a fondé pèse aujourd'hui dans la balance des siècles.

Les préjugés, à ne les considérer qu'en homme d'Etat, sont donc la base de tout pouvoir social; et les plus anciens sont les meilleurs; les vouloir détruire est d'un fou : le moins qu'on y perde, est sa peine et son temps. Mais savoir s'en servir; savoir en diriger l'influence dans le sens de l'intérêt public et du bien commun, voilà le devoir du législateur et le talent de l'homme d'Etat. Ce talent n'est pas le vôtre, messieurs, comme on le voit ; car vous vous accusez de n'avoir pas *encore pu détruire tous les préjugés existans*. Il est vrai que vous cherchez à en établir de nouveaux ; mais savez-vous ce qu'il manque aux préjugés naissans de votre façon ? deux ou trois cents ans d'existence, et quelque plausibilité dans leur contexture. Ainsi, en supposant que vous puissiez rendre intelligibles, et mettre à la portée du vulgaire les principaux axiomes politiques dont se compose le fameux *programme de l'Hôtel-de-Ville* (et pour cela, il va sans dire que vous le compreniez bien vous-même), il se peut alors que dans deux ou trois siècles, il devienne un élément de pouvoir. En attendant, il faut vous contenter de la terreur des émeutes, et de la crainte des visites domiciliaires, pour constater la force de votre gouvernement et déjouer les tentatives de l'anarchie.

Tout dépend du premier pas qu'on fait en révolution ; et ce premier pas est souvent dans un mot arraché à l'urgence du moment. MM. les députés ne sont pas à s'en apercevoir, j'en suis sûr. L'ambiguité de certains mots peut bien servir de levier à mouvoir les *masses* et à opérer un bouleversement social ; mais quand on est en présence des évènemens, il faut plus que des mots alors ; il faut en mettre le sens en action ; il faut que les faits y correspondent. Mais si ces mots n'ont point de sens ; ou s'ils en ont tant et de si divers que chacun les puisse interpréter à sa guise, que faire ? Il faut enfin s'expliquer, s'entendre, discuter, et perdre en discussions grammaticales un temps précieux que réclame tout entier l'intérêt commun, oublié jusqu'alors. De là les partages d'opinions, les récriminations d'intérêts, les divisions de partis, les disputes, les querelles, les animosités, et tout l'attirail d'un lendemain de révolution. Encore et toujours le spectacle d'une lutte extinctive entre une majorité et une minorité ; l'une forte de l'assentiment des gens éclairés, l'autre des suffrages de la populace ! Encore et toujours des modérés et des exaltés, des girondins et des montagnards ! Et au milieu de cette confusion d'idées, à travers ce chaos de principes, environné de toutes les passions qui débordent de toutes parts, sans accord, sans plan, sans méthode, comme au gré des vents en pleine tempête, prétendre régir une population de trente millions d'âmes en effervescence....., c'est, vous avouerez, le comble de la folie !

Aussi je plains sincèrement le chef d'un pareil Etat, où le pouvoir est à qui veut le prendre, et où personne n'a ni les moyens ni le courage de le manier. Que dis-je ? où il semble n'y avoir personne qui sache ou qui veuille dire ce que c'est que le *pouvoir*, et dans quels organes sociaux il réside. On parle beaucoup des *trois pouvoirs constitutionnels;* on fait un grand fond sur eux : mais que sont-ils ? Vous allez juger si ce sont des pouvoirs. L'un, la royauté ? il y a quarante ans qu'il est nul, qu'il est le jouet des deux autres. Le second, la Chambre des pairs ? encore plus nul, puisque le troisième, après l'avoir décimé, démantelé de sa seule autorité, ne lui a pas même fait l'honneur de le redouter assez pour l'annihiler tout à fait, et tout cela sans que le premier, dont elle est l'appui, ait seulement essayé de la défendre. Le dernier, enfin, la Chambre des députés ? elle un *pouvoir!* oui, quand il faut les anéantir tous; mais autrement, M. Laffitte à lui tout seul, il l'a dit, *est plus fort* qu'elle. Reste donc M. Laffitte pour tout *pouvoir social!* M. Laffitte! qui lui-même puise tous les matins ses instructions dans la polémique des journaux!... C'est bien ici vraiment le cas de dire : MALHEUREUSE FRANCE! MALHEUREUX ROI!

Que MM. les députés ne se méprennent pas sur l'esprit qui a dicté cette brochure. Mon but n'est pas de justifier la déconsidération politique qui pèse actuellement sur elle ; encore moins d'y ajouter rien pour ma part.

J'ai voulu seulement en analyser les causes, en constater l'origine et la nature ; et pour cela, comme on vient de le voir, je n'ai eu qu'à rapprocher ensemble et puiser dans ses propres débats les documens nécessaires. Il résulte donc de cet examen, que, personnellement, chacun de ses membres est ou peut être encore investi d'une juste considération partielle ou générale ; mais que comme corps politique, et envisagée dans son ensemble, elle s'est attiré elle-même et par conséquent mérite tout le blâme et tous les reproches qu'on lui fait. Elle n'en peut accuser qu'elle seule, et n'a pas même le droit de se plaindre que le *pouvoir* qu'elle a institué, en remplacement de celui qu'elle a contribué à abattre, se soit tourné contre elle. Qu'elle cesse donc de se demander pourquoi tout ce qui est en elle et qui vient d'elle, semble être actuellement antipathique au *vœu national.* Ce *vœu national* n'est qu'un mot, auquel on fait signifier tout ce qu'on veut: On lui en a fait les honneurs pendant un temps, et on lui en fait à présent un épouvantail; rien de plus naturel. Ses lois, dont on faisait tant de cas, on n'y fait plus aucune attention ; cela doit être. Ses principes, que l'on portait si haut, on les suspecte à présent ; c'est dans l'ordre. Ses délibérations, qu'on écoutait si patiemment, on en rit aujourd'hui ; elle en rit quelquefois elle-même, et elle a raison. Ses promesses, on n'y croit plus. Sa gestion, enfin, dont on attendait de si grands résultats..., c'est la montagne en mal d'enfant, dit l'un ; c'est comme le plaidoyer de Petit-Jean, dit l'autre : après avoir méticuleusement et compendieusement délibéré pendant sept mois sur des petites mesures de circonstance ou de police administrative, elle tranche hardiment le nœud gordien électoral !... Ce qui fait dire :

> Ta, ta, ta, ta, voilà bien instruire une affaire !
> Elle dit longuement ce dont on n'a que faire,
> Et court le grand galop quand elle est à son fait.

Somme totale, je serai plus juste à son égard : Je l'absous de la défaveur dans laquelle elle est tombée, par la force des choses ; et je ne l'accuse que d'avoir encouru la popularité dont elle a joui, pour prix anticipé de sa participation au renversement du *pouvoir;* et je répète à son sujet ce qu'un homme d'esprit a dit de la femme : « Ses « vertus viennent d'elle, ses vices viennent de nous. »

23 mars 1831.

FIN.

PARIS. — IMPRIMERIE DE G.-A. DENTU, RUE DU COLOMBIER, N° 21.

ANNONCE.

Pour faire suite à cette brochure, il en sera incessamment publié une seconde, où l'auteur analysera les élémens du pouvoir, tels que la révolution de juillet les a faits, et tels que la Chambre de 1830 a dû les transmettre au gouvernement qu'elle a institué. Cette brochure aura pour titre : *Du Ministère, depuis le 7 août 1830 jusqu'au 13 mars 1831.* Après, et comme complément au tableau que ces deux premières brochures auront présenté de la situation actuelle du gouvernement, il sera successivement publié par le même auteur les trois autres suivantes, savoir :

1° *La Théorie du pouvoir,*
2° *La Théorie du gouvernement,*
3° *La Théorie de l'administration.*

Ces trois sujets, bien distincts, quoique généralement confondus jusqu'à présent dans une seule et même idée, n'ayant encore été traités séparément et didactiquement par aucun publiciste, l'auteur croit ce travail susceptible, et peut-être le seul capable de mettre enfin un terme à la confusion et à l'anarchie qui règnent aussi dans les idées, dans le langage ou dans les principes, en matière politique.

Mais il a besoin d'y être encouragé ; et à cet effet il se propose de publier ces trois ouvrages par souscription.

Le prix de la souscription pour les trois dernières brochures est de 9 fr.

On souscrit à Paris, chez :

Dentu, imprimeur-libraire, Palais-Royal, galerie d'Orléans, n° 13 ;

Rosa, libraire, Cité-Bergère ;

Chez tous les marchands de nouveautés ;

Et au bureau de la *Société pour publication de brochures,* rue Saint-Guillaume, n° 15.